Thorben Prenzel

Mit Populisten reden

Ein Leitfaden in sechs Schritten

WOCHEN
SCHAU
VERLAG

Bibliografische Information der Deutschen Nationalbibliothek

Die Deutsche Nationalbibliothek verzeichnet diese Publikation in der Deutschen Nationalbibliografie; detaillierte bibliografische Daten sind im Internet unter http://dnb.d-nb.de abrufbar.

www.wochenschau-verlag.de

Zeichnungen: Claudia Weber
Gesamtherstellung: Wochenschau Verlag
Gedruckt auf chlorfrei gebleichtem Papier
Print-ISBN 978-3-7344-1644-6
PDF-ISBN 978-3-7566-1644-2
https://doi.org/10.46499/2305

Inhalt

„Ich stehe hier für das einfache Volk, nicht für die korrupte Elite, die unser Land regiert."

„Wir, das echte Volk, müssen gegen diese Feinde kämpfen, die unsere Nation bedrohen."

„Wir werden die Wirtschaft reparieren, es ist so einfach. Machen Sie unser Land wieder groß!"

„Es ist Zeit, die glorreichen Tage unseres Landes zurückzubringen, als alles besser und einfacher war."

„Liebe für unser Land steht an erster Stelle. Wir müssen stolz auf unsere Nation und unsere Identität sein."

„Wir müssen unsere Grenzen schützen, um unsere Kultur und Arbeitsplätze zu bewahren. Keine Kompromisse bei der Einwanderung!"

„Die da oben verstehen nicht, was das echte Leben bedeutet. Ich bin einer von Ihnen, ein einfacher Arbeiter."

„Glauben Sie nicht den Lügen der Mainstream-Medien. Sie verbreiten Fake News. Nur wir kennen die Wahrheit."

„Wir werden hart gegen Kriminelle vorgehen. Nur mit einer starken Hand können wir unsere Straßen sicher machen."

„Die Macht gehört dem Volk. Wir sollten direkt über wichtige Entscheidungen abstimmen, um die Stimme des Volkes zu respektieren."

Warum müssen wir mit Populisten reden?

Einfache Antwort: Weil es kein anderer tut! Viele bleiben stumm, wenn sie populistische Parolen hören, aber durch Schweigen signalisieren wir Zustimmung und überlassen den anderen die Bühne. Und ein schlechtes Gefühl bleibt auch noch zurück. Wir müssen mit diesen Menschen reden.

Der Populismus ist auf dem Vormarsch. Schaut man sich die nationale und internationale Politik an, sehen wir einen klare Tendenz Richtung populistischer Politik. Doch auch im Alltag begegnen uns immer wieder populistische Aussagen, von Freunden, Bekannten, Arbeitskollegen oder auch aus der Familie. Populisten sind wir aber nicht hilflos ausgeliefert.

➲ Wir müssen etwas tun.

Wir dürfen den Populisten nicht das Feld überlassen, stattdessen müssen wir reagieren und unsere Handlungsfähigkeit wiederherstellen. Denn sowohl Ignorieren als auch Ausgrenzung haben nicht funktioniert. Tatsächlich zeigt sich, dass der Umgang mit Populisten in den letzten Jahren grundlegend fehlgeschlagen ist. Die Ängste der Menschen dürfen aber nicht denjenigen überlassen werden, die sie ausnutzen. Neue Wege sind notwendig.

„An allem Unfug, der passiert, sind nicht etwa nur die schuld, die ihn tun, sondern auch die, die ihn nicht verhindern."

Erich Kästner (1899–1974)

➲ Was können wir tun?

Viele Menschen sind verunsichert und wütend. Daher ist es entscheidend, die Menschen mitzunehmen und an ihrer Seite zu stehen. Dies ist keine einfache Aufgabe, aber machbar. Studien und Umfragen belegen eindeutig, dass die große Mehrheit der Bevölkerung in Deutschland für eine vernünftige und faktenbasierte Politik offen ist. Lediglich die Ränder auf der rechten und linken Seite sind lauter geworden. Sie beherrschen den Diskurs.

Daher müssen wir uns auf diejenigen konzentrieren, die anfällig für populistische Argumente und Themen, jedoch noch nicht Teil der populistischen Bewegung sind. In diesem Buch werden Sie die „NONIs" genannt, die „Noch-Nicht". Unsere Aufmerksamkeit sollte auf diese Personen gerichtet sein. Die wenigen „echten" Populisten müssen wir gar nicht erreichen. Gegenüber diesen Personen können wir stattdessen klare Kante zeigen und Widerstand leisten.

Wir können nicht jeden erreichen, aber wir können die große Mehrheit erreichen.

Wie können wir es tun?

Wir müssen wieder miteinander reden! Wir müssen mit den NONIs ins Gespräch kommen, ihre Ängste anerkennen und klare Botschaften gegen populistische Argumente setzen. Gleichzeitig müssen wir den „echten" Populisten mit deutlichen Botschaften entgegentreten. Was wir nicht tun müssen: Mit Fakten zu diskutieren. Denn Populisten überzeugt man nicht mit Argumenten.

Das Buch liefert für diese Gedanken eine Handlungsanleitung. Beginnend mit 10 Grundregeln für den Umgang mit Populisten, bietet es eine Schritt-für-Schritt Anleitung für herausfordernde Gespräche mit Populisten:

1. Sie müssen sich vorbereiten. Es gibt ein paar **Grundregeln**, die für den Umgang mit Populisten und populistischen Argumenten gelten.
2. Sie müssen es schaffen, in emotionalen Gesprächen **Ruhe zu bewahren**, denn Populisten agieren mit Emotionen. Dafür gibt es verschiedene einfache Methoden, die Sie direkt in der Situation anwenden können.
3. Sie müssen **das Gespräch führen** und damit auch die Richtung bestimmen. Denn Populisten sind erfahren darin, andere zu verunsichern und rationale Gespräche zu verhindern.
4. Sie müssen **Botschaften verankern**. Populistische Parolen können Sie nicht mit Fakten widerlegen. Stattdessen ist es entscheidend, Botschaften zu senden, die Ihr Gegenüber eventuell zum Nachdenken anregt und Ihnen hilft, gelassen auf populistische Parolen zu reagieren.

5. Für Gespräche mit Populisten benötigen Sie **ein System**, insbesondere wenn es emotional wird. Hierfür wurde die Triple-A-Regel entwickelt, die die Grundlage für jedes Gespräch mit Populisten bildet.
6. Schlussendlich müssen Sie Gespräche auch **elegant beenden** können. Damit Sie mit einem guten Gefühl nach Hause gehen.

Als Bonus finden Sie am Ende dieses Buches **Tipps und Tricks gegen Argumentationsmuster** von „echten" Populisten. Es ist häufig sogar einfach Populisten zu kontern, denn sie bedienen sich immer wieder derselben simplen Tricks.

Die Anleitung und die Methoden in diesem Buch wurden in verschiedenen Kommunikationsseminaren entwickelt und kontinuierlich verfeinert. Leserinnen des Buches „Fake News – Moderne Lügen entlarven und entspannt reagieren" werden die Triple-A-Regel bereits kennen. In diesem Buch wurde sie weiterentwickelt und vereinfacht.

Genießen Sie die Herausforderung. Populisten kann man kontern, populistischen Argumenten kann man entgegentreten. Mit diesem Buch haben Sie das notwendige Rüstzeug dafür.[1]

Viel Erfolg.

---

1 Hinweis: In diesem Buch wird eine Genderschreibweise verwendet, die sich an der Schreibweise der Wochenzeitschrift DIE ZEIT orientiert. Je nach Textsituation werden dabei verschiedene Formen verwendet.

Was ist Populismus?

Populismus „… ist eine mit politischen Absichten verbundene, auf Volksstimmungen gerichtete Themenwahl und Rhetorik. Dabei geht es einerseits um die Erzeugung bestimmter Stimmungen, andererseits um die Ausnutzung und Verstärkung vorhandener Stimmungslagen zu eigenen politischen Zwecken … So geht Populismus häufig mit der Ablehnung von Machteliten und Institutionen einher, mit Anti-Intellektualismus, einem scheinbar unpolitischen Auftreten, der Berufung auf den „gesunden Menschenverstand“ (common sense) und auf die „Stimme des Volkes“. In der politischen Auseinandersetzung setzen Populisten oft auf Polarisierung …“ (Wikipedia)[1]

„Populismus kann als eine besondere politische Logik definiert werden. Im Zentrum steht die Idee, dass die Macht dem Volke gehört und dass die Politik Ausdruck des Volkswillens sein soll. Populismus idealisiert das Volk und baut Feindschaft zur Elite auf. Hier fungiert der Führer als Stimme des Volkes. Populismus erzählt die Geschichte des von der Elite betrogenen Volkes … Die populistische Logik kann mit unterschiedlichen Ideologien kombiniert werden, daher kann Populismus mit rechts-, links- oder marktliberalen Ideologien auftreten. Rechtspopulismus ist daher nicht das gleiche wie Populismus, sondern eine spezifische Verbindung der populistischen Logik mit rechter bis rechtsextremistischer Ideologie.“ (Bundeszentrale für politische Bildung)[2]

„Genauso wenig, wie es eine einheitliche Definition gibt, gibt es „den“ Populismus. Er wird von unterschiedlichen politischen Lagern genutzt, sei es von links oder rechts… Populismus entsteht häufig in Phasen, in denen es große Veränderungen oder Umbrüche gibt. In Deutschland ist ein gutes Beispiel das Erstarken von populistischen Bewegungen und Parteien wie der Alternative für Deutschland, nachdem das Land im Jahr

2015 viele vor dem Krieg fliehende Menschen aufgenommen hat… Auch wenn es keine einheitliche Definition von Populismus gibt, so gibt es doch eine Reihe von Merkmalen die ihm zugeschrieben werden können.

- *Populisten berufen sich auf „das Volk"…*
- *Das Volk wird dann in einen Gegensatz zu einem mehr oder weniger beliebigen ‚Anderen' gestellt, häufig „die da oben".*
- *Außerdem schüren Populisten Angst und Unsicherheit, indem sie hauptsächlich über Negatives berichten.…*
- *Komplexe gesellschaftliche Themen werden extrem vereinfacht und häufig stark emotionalisiert.…*
- *Ein weiteres Merkmal des Populismus ist die Konzentration auf eine charismatische Führungsperson. …*

(Civil Liberties Union for Europe – Liberties)[3]

1. Die Vorbereitung – 10 goldene Regeln

Es gibt ein paar Grundlagen, die man im Umgang mit Populisten (und eigentlich im Umgang mit allen Menschen) kennen muss. Denn alles Reden nützt nichts, wenn ich mein Gegenüber nicht erreiche.

1. Sie haben es mit Menschen zu tun

2. Menschen brauchen Ausreden

3. Menschen überzeugt man nicht mit Fakten

4. Auch ich habe nicht immer recht

5. Führen Sie eine Unterhaltung, kein Streitgespräch

6. Sie können nicht alle erreichen

7. Sie müssen nicht immer etwas tun

8. Wir müssen der Mehrheit zeigen, dass sie die Mehrheit ist

9. Wir können was tun

10. Für schwierige Situationen braucht es eine Strategie

1. Sie haben es mit Menschen zu tun

Menschen sind Menschen. Sie handeln nicht immer rational. Seien Sie deshalb nachsichtig und legen Sie nicht jedes Wort auf die Goldwaage. Nicht alles muss bis ins kleinste Detail diskutiert werden. Menschen dürfen auch an ihrer Meinung festhalten, selbst wenn sie falsch ist. Die Meinungsfreiheit ist nicht umsonst im Grundgesetz verankert Und bedenken Sie, dass Menschen immer mehrere Seiten haben. Jeder Mensch darf Ecken und Kanten haben. Versuchen Sie, die guten Eigenschaften zu sehen. Dies wird jede Ihrer Diskussion erleichtern.

➲ Menschen sind manchmal einfach überfordert
Wie viele Kriegs-, Krisen- und Katastrophenmeldungen kann man bewältigen, ohne in Schockstarre zu verfallen? Heutzutage werden wir vom ständigen Nachrichtenstrom überflutet, früher musste man Nachrichten aktiv lesen oder hören. Das schöne Wort für das Durchforsten von Katastrophenmeldungen lautet „Doomscrolling". Man springt von einer Meldung zur nächsten und fühlt sich dabei immer schlechter. Die Verhaltensforschung hat jedoch gezeigt, dass Wissen nicht unbedingt zum Handeln führt. Selbst wohlmeinende Berichterstattung kann unerwartete Nebenwirkungen haben. Anstatt Menschen zu mobilisieren und ihr Engagement zu fördern, kann das Gegenteil eintreten – Gefühle der Ohnmacht und Hilflosigkeit. In solchen Momenten möchten die Menschen sich oft nicht mehr mit weiteren Problemen auseinandersetzen. Haben Sie Verständnis für Menschen, die einfache Lösungen suchen.

➲ Menschen sind wütend
Es ist ein Gefühl, welches sich in die Gesellschaft eingeschlichen hat. Eine beständige Wut über alles und jeden. Gutverdiener sind wütend, die Mittelschicht ist wütend, Menschen mit geringem Einkommen sind wütend … es ist fast eine Beschreibung unserer heutigen Gesellschaft. Wut ist ein star-

kes Gefühl, andere Meinungen oder sogar Kompromisse haben es da schwer.

Aber unter dieser Wut liegt oft Erschöpfung. Wissenschaftler sprechen von „Veränderungserschöpfung“. Alles geht zu schnell, es ist zu viel, alles soll sich gleichzeitig ändern … Diese Überforderung zieht Wut nach sich. Gerade deshalb werden politische Akteure, die Veränderungen anstreben, mit Hass überzogen. **Nicht die Richtung, nicht das Ziel erzürnt die Menschen, sondern die geforderte Geschwindigkeit.** Migration und Klimawandel sind auch deshalb so prominente Themen, weil es für beides gibt keine einfachen oder schnellen Lösungen gibt. Dies sind existenzielle Krisen, bei denen alle spüren, dass große Veränderungen anstehen.

Menschen brauchen aber Zeit, um sich zu ändern. Es ist wie mit dem Rauchen aufzuhören, beim ersten Anlauf klappt es in der Regel nicht. Überzeugende Gründe, gute Beispiele und Erfolgserlebnisse sind erforderlich. Geben Sie den Menschen die Zeit. Es dauert eben, bis sich jemand von seinen Überzeugungen löst.

➲ Eine spielerische Sichtweise hilft

Wie jetzt damit umgehen, dass wir alle nur Menschen sind, auch Ihr Gegenüber? Eine spielerische Sichtweise hilft. Um die emotionalen Belastungen des Alltags zu reduzieren, um eine breitere Perspektive einzunehmen, um konstruktiver mit schwierigen Situationen umzugehen, und um möglicherweise Lösungen zu finden, die Sie zuvor übersehen haben. Versuchen Sie, die Situation aus einer humorvolleren oder positiveren Sichtweise zu betrachten. (Im drittel Kapitel finden Sie mehr dazu).

„Wer das Leben zu ernst nimmt, braucht eine Menge Humor, um es zu überstehen.“

Charlie Chaplin

Und nehmen Sie die Herausforderung an. Miteinander konstruktiv zu diskutieren war in allen Zeiten eine Kunst: In der griechischen Antike war die Rhetorik als Disziplin bekannt und spielte im Alltag eine herausragende Rolle. Die „Redekunst“ war eine der „sieben freien Künste“, die für den Menschen die richtige Bildung darstellte. Im Mittelalter waren alle großen Werke argumentativ aufgebaut und mussten sich mit den jeweiligen Gegenargumenten auseinandersetzen. Im viktorianischen England war es das Ziel vieler Abendveranstaltungen, mit geistreichen Anekdoten zu glänzen. Man bereitete sich akribisch darauf vor, den Abend dorthin zu lenken, wo die eigene geistreiche Bemerkung angebracht war. Wir brauchen wieder mehr Redekunst.

2. Menschen brauchen Ausreden

Warum sind einige Menschen so anfällig für populistische Aussagen? Die einfache Antwort: Weil es hilft.

➲ Einfache Lösungen sind verlockend

Denn Populisten bieten einfache Lösungen für komplexe Probleme. In der aktuellen Zeit fühlt es sich so an, als ob alles schneller voranschreitet, bisherige Gewissheiten ihre Bedeutung verlieren und generell alles immer schlimmer wird. Da ist etwas dran, aber in anderen Zeiten war es nicht anders. **Die Welt ist kompliziert und war es schon immer.** Aber vielen Menschen fällt es schwer, die Komplexität zu akzeptieren. Dann bieten einfache Antworten und Lösungen einen Ausweg.

➲ Wir suchen nach Ausreden

Es ist ein Dilemma: die Kluft zwischen dem, was als gesellschaftliche Verantwortung betrachtet wird, und dem, was tatsächlich getan wird. In Umfragen geben die meisten Menschen an, weniger Fleisch zu konsumieren, seltener Auto zu fahren und Flugreisen zu reduzieren. Wenn man jedoch die Statistiken betrachtet, zeigt sich, dass nur eine Minderheit ihr Verhalten ändert (early adopters). Die meisten Menschen leben noch so, wie sie es „gelernt" haben. Dieses Verhalten erfordert die Suche nach Erklärungen und Ausflüchten, um die eigenen Handlungen zu rechtfertigen.

Die Konstruktion solcher Ausreden im Alltag wird zunehmend komplex und herausfordernd. Denn die Suche nach immer neuen Ausflüchten erfordert erhebliche Anstrengung. Zudem wissen die Menschen, dass sie nur Ausreden suchen und der damit erzeugte Stress endet häufig in einer Wut, die sich gegen Andere richtet. Das erklärt auch die Aggressivität, mit der andere Meinungen und Ansichten abgelehnt werden. (Dieser psychologische Zustand wird als „Kognitive Dissonanz" bezeichnet. Menschen empfinden in diesen Situationen ein unangenehmes Störgefühl und den dringenden Wunsch, den inneren Konflikt der Wahrnehmungen zu beheben). Da wir realistischerweise nicht alles erreichen können, was wir uns vornehmen – denn wir sind alle keine Heiligen, stehen uns demzufolge zwei Wege offen: Entweder wir kommen mit uns selbst ins Reine und akzeptieren, dass wir nicht alles schaffen können, oder wir suchen nach Ausreden – mit allen negativen Begleiterscheinungen.

Gruppen bieten Schutz

Je größer der Druck von außen wird und je mehr das Bedürfnis nach Ausflüchten wächst, desto mehr neigen Menschen außerdem dazu, Distanz aufzubauen. Dies verstärkt die aggressive Haltung gegenüber solchen Personen, die die Ausreden hinterfragen. So lässt sich erklären, warum ein Fleischesser sich bedroht fühlen kann, wenn ein Vegetarier mit am Tisch sitzt, da dies sein gesamtes Weltbild in Frage stellt. Eine einfache Vermeidungsstrategie liegt dann darin, Gleichgesinnte zu finden, die ähnlich denken. In solchen Gemeinschaften zählt nicht der Austausch von Argumenten oder die Suche nach Lösungen. Oftmals ist allein die Tatsache entscheidend, dass die anderen unsere Ansichten teilen. Das entlastet das eigene Gewissen.

Ausflüchte sind das Schmiermittel des Gewissens

Die zentrale These lautet also, dass den meisten Menschen bewusst ist, dass Veränderungen notwendig sind. Obwohl sie aber erkennen, dass sie ihr eigenes Verhalten ändern müssten, stehen ihnen zahlreiche Ausflüchte zur Verfügung. Die Gemeinschaft Gleichgesinnter, die oft nach außen hin aggressiv auftritt, verstärkt diese Tendenz. Hat man diesen Mechanismus verstanden, kann man auch entsprechend reagieren.

„Jedes schlechtes Verhalten hat einen guten Grund"

Grundsatz der systemischen Beratung und Therapie[4]

3. Menschen überzeugt man nicht mit Fakten

Im Jahr 2021 gab es gemäß einem UNESCO-Wissenschaftsbericht weltweit 8,8 Millionen Wissenschaftlerinnen und Wissenschaftler. Für nahezu jede Position gibt es Befürworter und Gegner mit wissenschaftlichem Hintergrund. Ein reiner Austausch von Fakten führt dementsprechend nur in den seltensten Fällen zu guten Gesprächen. „Wenn Fakten neutral wären, gäbe es keine streitenden ProfessorInnen".

Höhere Bildung schützt nicht

Interessanterweise führt ein höherer Bildungsgrad nicht zwangsläufig dazu, dass Menschen offener für wissenschaftliche Erkenntnisse sind. Im Gegenteil, bei kontroversen Themen steigt die Polarisierung sogar. Unter Linken nimmt die Akzeptanz des wissenschaftlichen Konsenses zum Klimawandel mit höherem Bildungsgrad zu, während unter Konservativen die Akzeptanz der Klimawissenschaft sinkt, je besser die Bildung ist. Der Journalist Chris Mooney nannte dieses Phänomen einst den „Smart Idiot Effect" – Eine bessere Bildung führt lediglich dazu, dass Menschen anspruchsvollere Argumente (oder Verschwörungstheorien finden), um wissenschaftliche Erkenntnisse infrage zu stellen.[5]

Gefühle sind bedeutender als Fakten

Der Populismus als großer Vereinfacher ist deshalb so erfolgreich, weil er dort ansetzt, wo unser unbewusstes Denken und Wahrnehmen am anfälligsten ist: Bei Gefühlen, Werten, Lebenserfahrungen, bei persönlichen Vorurteilen. All dies spielt eine wichtige Rolle, wenn wir Dinge bewerten. Diese „Bewertungsmatrix" trifft auf ein aktuelles, gesellschaftliches Gefühl der Unsicherheit.

„Alles wird immer schlimmer"

„Wir sind benachteiligt"

„Wir können nichts tun"

Die Folge davon ist eine allgemeine Empörung. Über „die da oben", über „die anderen" über „himmelsschreiende Ungerechtigkeiten". Diese Empörung sucht sich Ausdruck und Raum, oft in Gesprächen mit Freunden, in der Familie oder am Arbeitsplatz. Normalerweise sind viele Menschen in Diskussionen bereit, nachzugeben und gegebenenfalls einen versöhnlichen Standpunkt einzunehmen. Wenn aber Gefühle die Oberhand gewonnen haben, wenn Menschen fest davon überzeugt sind, die einzig richtige Meinung zu haben, weil sonst ihr Weltbild erschüttert wird, dann bleibt nur das Beharren auf der Meinung übrig. Alles andere ist zweitrangig.

In dieser „Empörungsspirale" verlieren Fakten ihre Macht. **Daher ist es oft sinnlos, mit Fakten und klugen Argumenten Streitgespräche zu führen.** Es führt meistens zu keinem Ergebnis.

Allerdings …

… benötigen Sie Fakten, um Ihre Argumentation zu stützen. Schließlich müssen Sie sich mit anderen austauschen können. Nur bitte mit System einsetzen (Wie, das erfahren Sie im sechsten Kapitel). Aber lösen Sie sich von dem Gedanken, dass reine Fakten ausreichen, um andere zu überzeugen. Besonders nicht in hoch emotionellen Diskussionen mit modernen Lügnern.

Noch eine Anmerkung: Manchmal wäre es schon schön, wenn der andere sich auf anerkannte WissenschaftlerInnen berufen würde. Oftmals werden jedoch Personen aus dem eigenen Umfeld oder aus unüberprüften X-, TikTok-, WhatsApp- oder Facebook-Nachrichten als Autoritäten zitiert, ohne dass deren Glaubwürdigkeit hinterfragt wird. Lassen Sie sich nicht auf diese Spielchen ein.

4. Auch ich habe nicht immer recht

Es sind moderne Zeiten. Noch nie war es so einfach, Informationen zu jedem beliebigen Thema zu bekommen. Im Internet findet sich alles. Für jede Aussage findet sich eine Gegenaussage, ein Bild, ein Prominenter oder die passende Studie. Deshalb fühlt sich auch (fast) jeder zum Experten berufen. Die Informationen sind vorhanden und leicht erreichbar. Es ist wie bei einem Fußballspiel der Nationalmannschaft. Plötzlich gibt es in Deutschland 80 Millionen Trainer. Auch in Zeiten der Pandemie fühlten sich viele Menschen berufen, mit ihrem Halbwissen sich leidenschaftlich für Maßnahmen einzusetzen oder sich vehement dagegen auszusprechen. Dieses Phänomen zeigt sich inzwischen bei allen gesellschaftlichen umstrittenen Themen. In vielen Diskussionen geht es eher darum, zu zeigen, zu welcher Gruppe man gehören möchte und mit welcher Gruppe man nichts zu tun haben will.

Selbstverständlich ist man selbst gegen dieses Phänomen nicht immun. **Es ist ratsam, die eigene Position immer wieder zu hinterfragen.** Das Hinterfragen der eigenen Einstellungen ermöglicht es, Dinge aus verschiedenen Perspektiven zu betrachten und ein tieferes Verständnis für andere Standpunkte zu entwickeln. Das hilft auch gegen den eigenen Dogmatismus. Denn wie viele scheinbar unumstößliche Fakten stellen sich bei genauerer Betrachtung als Meinung heraus? Insgesamt trägt das regelmäßige Hinterfragen der eigenen Einstellungen dazu bei, dass man offener, flexibler und wissbegieriger bleibt, was langfristig zu persönlichem Wachstum und einer verbesserten Lebensqualität führt.

➲ Es gibt nicht die eine Wahrheit

Und nicht zuletzt bietet eine ehrliche Selbstreflexion die Chance, in ein echtes Gespräch zu kommen. Denn kann man wirklich erwarten, dass der Gesprächspartner zu 100 % zustimmt? Vielleicht genügt es bereits, eine gemeinsame Basis zu finden, auf der man aufbauen kann. Dann können sich in weiteren Gesprächen möglicherweise doch echte Einsichten ergeben. Eine solche Einstellung kann in vielen Fällen dazu beitragen, Streit zu vermeiden. Wer sich absolut im Recht wähnt und versucht, seinen Gesprächspartner zu überzeugen, sollte sich fragen, warum dieser sich anders verhalten sollte. Denn die einzige Person, die jemanden von einer anderen Meinung überzeugen kann, ist dieser Mensch selbst.

„Ich bin nicht einverstanden mit dem, was Sie sagen, aber ich würde bis zum Äußersten dafür kämpfen, dass Sie es sagen dürfen."

Voltaire (1694–1778)

An dieser Stelle erneut ein Verweis auf die alten Griechen: Einige Rhetoriker gehörten zur Sophisten-Bewegung und argumentierten, dass es keine absolute Wahrheit gibt oder, wenn es sie gibt, sie nicht erkennbar ist. Dieser letzte Punkt ist besonders wichtig, denn in unserer modernen Welt gibt es in der Regel nicht „die eine Wahrheit."

➲ Entdecken Sie Ihre Triggerpunkte

Triggerpunkte sind eigentlich Muskelverhärtungen – wenn man darauf drückt, schmerzen sie. Auch Sie werden Themen haben, auf die Sie äußerst empfindlich reagieren. Jeder von uns hat solche Auslöser. Finden Sie heraus, welche Wörter, Themen oder Sätze bei Ihnen eine allergische Reaktion auslösen. Es geht nicht darum, diese Auslöser zu überwinden. Oftmals reicht es aus, sich ihrer bewusst zu sein, um in diesen Momenten gelassener reagieren zu können. Das ist nicht immer einfach, aber wenn Sie Ihre Auslöser kennen, können Sie kurz durchatmen und Wege finden, damit umzugehen. Mehr dazu finden Sie im dritten Kapitel.

5. Führen Sie eine Unterhaltung, kein Streitgespräch

„Elvis lebt, sein Tod war nur vorgetäuscht."

„Das kann nicht sein. Geht gar nicht."

„Doch."

„Nein."

„Doch!"

„Idiot!"

Das Ziel eines jeden Gesprächs sollte der Austausch von Argumenten sein, um auf einer höheren Ebene zu einem Erkenntnisgewinn zu gelangen. So die Theorie, doch in der Realität sieht das oft anders aus (Wenn Sie politische Talkshows verfolgen, haben sie ein gutes Bild vor Augen). Überlegen Sie, wann Sie das letzte Mal in den Genuss eines wirklich bereichernden Gesprächs gekommen sind, bei dem der argumentative Austausch im Mittelpunkt stand. Wahrscheinlich liegt das schon eine Weile zurück.

➔ Machen Sie es anders

Ein gelungenes Gespräch zu führen ist schwieriger, als es auf den ersten Blick erscheint. Denn ein gutes Gespräch erfordert zwei Menschen, die genau dies wollen. Es bedarf einer gemeinsamen Basis, um überhaupt sinnvoll diskutieren zu können.

Ohne eine solche Grundlage ist ein vernünftiges Gespräch nicht möglich. Besonders im Umgang mit Populisten steht aber nicht der sachliche Austausch im Vordergrund, sondern, wie bereits erwähnt, die emotionale Ebene: Ängste, Wut, Empörung usw. Und selbst wenn ein Austausch von Argumenten im Vordergrund steht. Nicht alle Quellen haben den gleichen Wert oder dieselbe Bedeutung, und eine Meinung ist etwas völlig anderes als eine Tatsache. Wenn Sie und Ihre Gesprächspartner sich nicht darauf einigen können, welches Wissen als gesichert gilt, landen Sie schnell in einer Sackgasse. Dennoch gibt es Möglichkeiten, eine gemeinsame Basis zu finden, und der Schlüssel dazu sind Fragen.

➡ Fragen stellen, nicht belehren

Mit Fragen können Sie nicht nur ein Gespräch initiieren, sondern auch herausfinden, was Ihr Gesprächspartner gerade beschäftigt, was hinter seinen Gedanken steckt und wo seine Befindlichkeiten liegen. Gerade in sehr emotionalen Gesprächen geht es nicht um die Sache selbst, sondern um tiefere Anliegen. Um diese Hintergründe zu ergründen, können Sie folgende Fragen stellen:

- Woher stammt deine Information?
- Wie beurteilst du die Zuverlässigkeit der Quellen, denen du vertraust?
- Warum glaubst du, dass ich im Unrecht bin?
- Was könnte dich vom Gegenteil überzeugen?

Diese Fragen haben sich im Umgang mit modernen Lügnern als äußerst nützlich erwiesen. Sie ermöglichen nicht unbedingt eine konstruktive Diskussion, aber Sie können erkennen, ob es überhaupt eine gemeinsame Basis gibt und ob es sich lohnt, ein Gespräch zu führen (Kapitel 4 liefert Ihnen hier weitere Möglichkeiten).

Zuhören statt Reden – Fragen statt Dozieren

Vor allem sollten Sie eines noch bedenken: Menschen wollen nicht belehrt werden. Standpauken sind selten der Schlüssel zur Überzeugung. **In einem Gespräch auf Augenhöhe sind Menschen eher bereit, von ihren Standpunkten abzurücken.** Hören Sie zu, stellen Sie die richtigen Fragen. Es ist nicht immer leicht, auf Augenhöhe zu bleiben, aber es ist unerlässlich. Dies gilt insbesondere dann, wenn Ihr Gesprächspartner offensichtlichen Unfug verbreitet. Betrachten Sie es als eine Herausforderung, mit solchen Menschen zu diskutieren.

6. Sie können nicht alle erreichen

Der Wunsch, andere von der eigenen Meinung zu überzeugen, ist allgegenwärtig. Doch bei ehrlicher Selbstreflexion wird einem schnell bewusst, dass dies unmöglich ist. Vor allem im Umgang mit Populisten. Es ist wichtig, sich im Voraus im Klaren zu sein, mit wem man es zu tun hat.

Die schlechte Nachricht

Die Verbohrten werden Sie nicht erreichen. Diese sind fest von ihren Ansichten überzeugt. Sie leben in ihrer eigenen Welt.

Die Populisten nicht: Auch diese wollen keinen sachlichen Gedankenaustausch. Fakten interessieren sie nicht und sie verwenden manipulative Techniken, um Menschen zu beeinflussen. Früher nannte man solche Menschen „Nepper, Schlepper, Bauernfänger“. Sie verfolgen konkrete Ziele wie „Geld verdienen“ oder „Macht erlangen“ etc.

Die Unbelehrbaren auch nicht: Man kann sich den Mund fusselig reden, einige Menschen sind nicht zu überzeugen. Hören Sie auf, diese Menschen erreichen zu wollen. Sie haben das Recht aufzugeben. Sparen Sie sich die Energie für etwas Schönes auf. Wenn die betreffende Person Ihnen nahesteht, sollten Sie dennoch den Versuch wagen. Hier ist eine Auseinandersetzung mit den zugrunde liegenden Ursachen notwendig. Oft fühlen sich solche Personen in irgendeiner Weise nicht ausreichend wertgeschätzt. Den wahren Grund zu finden, erfordert Zeit, Energie und Geduld. Es ist ein langwieriger Prozess, jemanden von seiner Weltsicht abzubringen. Entscheiden Sie selbst, wie viel Ihnen diese Person bedeutet.

➲ Die gute Nachricht

Es gibt auch die große Gruppe von Sympathisanten, Mitläufern und Unentschlossenen, die „NONIs“ – „Noch-Nicht“ – die Sie erreichen können[2]:

Die Empörten: Dies sind Menschen, die impulsiv handeln, Dinge ohne nachzudenken weitererzählen oder einfach eine spannende Geschichte teilen wollten. Sie sind oft in ihrer Empörungsspirale gefangen.

Die Schimpfer: Viele von ihnen möchten einfach nur ihren Ärger und ihre Frustration loswerden. Hier geht es weniger um die Sache selbst, als vielmehr um ihre allgemeine Unzufriedenheit. Sie können über alles schimpfen – von Politik über Ausländer bis hin zu Windrädern und Gender-Themen – alles in einem Satz.

Die Nicht-so-Redegewandten: Dies sind Personen, die möglicherweise die falschen Worte im falschen Kontext verwendet oder Schwierigkeiten haben, sich adäquat auszudrücken. Denken Sie an ihre eigenen Triggerpunkte.

Die Besorgten: Es gibt Menschen, die besorgt sind, aber dennoch versuchen, die Situation zu verstehen. Sie sind in Maße offen für Argumente, wenn ein Gespräch auf Augenhöhe stattfindet.

Nette Menschen: Auch solche Menschen gibt es.

---

2 Warum NONIs? Weil man es sich so merken kann! Siehe zum Beispiel die NIMBIS „Not in my backyard“ oder die MAMILs „mittle aged man in lycra“

Finden Sie heraus, zu welcher Gruppe Ihr Gesprächspartner gehört. Dies wird Ihnen helfen, Ihre Gesprächsstrategie anzupassen. Nutzen Sie wieder Fragen. Mit Fragen können Sie herausfinden, mit wem sie es zu tun haben. Wie Sie bei allen diesen verschiedenen Typen vorgehen können, erfahren Sie in den Kapiteln 5 und 6.

➲ Sie müssen auch nicht alle erreichen

Natürlich wäre es schön, wenn wir alle mit vernünftigen Argumenten überzeugen könnten. Dies ist aber nicht zu schaffen. **Es reicht aber aus, die Mehrheit zu überzeugen** (Siehe auch Grundregel Nr. 8). In einer konkreten Gesprächssituation mit Populisten kann Ihr Ziel nicht sein, die Verbohrten zu überzeugen. Sie können aber eventuell vorhandenen Zuschauer erreichen oder wenigstens zum Nachdenken anregen – oder Ihre Gesprächstaktik für andere Situationen schärfen.

7. Sie müssen nicht immer etwas tun

Kennen Sie Menschen, die gerne provozieren? Ja, solche Menschen existieren, glücklicherweise sind es nur wenige. Populisten nutzen jedoch die gleiche Methode, um Aufmerksamkeit zu erregen. Im Internet ist Provokation eine gängige Strategie, um Klickzahlen zu steigern. Mit empörenden Aussagen erreicht man die Medien. Leider gibt es auch in der wirklichen Welt Menschen, die gezielt provozieren, um Aufmerksamkeit zu erregen.

➲ Lassen Sie sich nicht provozieren

Sie müssen aber nicht auf jede Provokation anspringen, niemand zwingt Sie. Es ist nicht notwendig, auf alles eine Antwort parat zu haben. Sie müssen auch nicht immer sofort reagieren. Oftmals ist es effektiver, einfach nichts zu machen. Wenn Sie Provokateure ins Leere laufen lassen, ärgert diese das mehr als eine Reaktion ihrerseits. Dies erfordert ein gewisses Maß an Selbstbeherrschung, doch mit dieser Methode kann man Gegner den Wind aus den Segeln nehmen. Im dritten Kapitel dieses Buches werden Sie einige Methoden kennenlernen, die Ihnen dabei helfen.

➲ Nicht jeder will Sie provozieren

Bewusste Provokationen sind glücklicherweise die Ausnahme. Meist geschieht die Provokation unbewusst. Sie oder Ihr Gesprächspartner verwenden Wörter, Sätze, Redewendungen oder Aussagen, die bei dem jeweils anderen eine Reaktion auslösen – positive wie negative. Wenn Sie Ihre Triggerpunkte kennen, müssen Sie nicht in Wut geraten. Wenn Sie diejenigen Ihres Gegenübers kennen, können Sie ein Gespräch lenken. Die wichtigste Regel: Entspannen Sie sich (obwohl das der schlechteste Rat ist, den man jemandem geben kann).

„Man kann nicht nicht kommunizieren.“

Paul Watzlawick[6]

➲ Machen Sie sich frei vom Druck

Die Welt wird nicht untergehen, wenn Sie keine sofortige Antwort geben. In der Regel werden Sie sowieso nicht in der Lage sein, Ihr Gegenüber von Ihrer Meinung zu überzeugen. Wie bereits gezeigt, erfordert dies einen Prozess, den Sie nicht immer und überall initiieren können. Gerade bei immer wiederkehrenden Situationen ist es wichtiger, ruhig und gelassen reagieren zu können, anstatt diejenige Person zu sein, die (wieder mal) die angenehme Atmosphäre stört.

Machen Sie sich deswegen von dem Gedanken frei, andere mit einem „Killer-Argument“ überzeugen zu können. Es ist ein kindlicher Wunsch, genau den einen überzeugenden Satz zu finden, bei dem Ihr Gesprächspartner zusammenbricht und alle anderen Sie bewundernd ansehen.

Wichtig: Selbstschutz

Als Rettungssanitäter lernen Sie, zuerst an sich selbst zu denken und sich selbst zu schützen. Dieses Beispiel sollten Sie sich zu Herzen nehmen. Selbst in vertrauter Umgebung können Gespräche eskalieren. Manchmal ist es besser, die Situation zu beruhigen, anstatt Ihre eigene Meinung darzulegen oder andere überzeugen zu wollen. In unbekannten Gruppen, beispielsweise in der U-Bahn, gelten andere Regeln. Hier ist Selbstschutz noch wichtiger. Es gibt spezielle Taktiken und Verhaltensweisen, die in diesem Buch jedoch nicht behandelt werden können. Wichtig ist zu wissen, dass Sie auf solche Situationen vorbereitet sein sollten, wenn Sie reagieren. Ansonsten kann es auch hier sicherer sein, nicht zu reagieren und Hilfe zu holen. Informationen zu solchen Situationen bietet die Polizei, unter anderem mit der „Aktion-tu-was".[7]

8. Wir müssen der Mehrheit zeigen, dass sie die Mehrheit ist

Immer wieder sieht man Schlagzeilen wie „Die Mehrheit der Deutschen hält ihr Land für egoistisch und gespalten" oder „Das Vertrauen in Demokratie und Parteien ist erschüttert wie selten zuvor". Es hat den Anschein, als radikalisiere sich das Land, als koche demnächst irgendetwas über.

Doch diese Schlagzeilen könnten kaum weiter von der Wahrheit entfernt sein. Die Bundesrepublik ist tatsächlich ein ziemlich einiges Land mit einer starken, ideologiefreien Mitte. In vielen gesellschaftlichen und politischen Fragen stimmen die Menschen überein, trotz gelegentlicher Wut- und Empörungswellen sind die Mehrheiten erstaunlich stabil. Dies ist die grundlegende Erkenntnis aus zahlreichen relevanten Studien zu diesem Thema. In den Sozialwissenschaften spricht man von „affektiver Polarisierung". Politische und moralische Einstellungen bleiben weitgehend stabil, während Stimmungen oft spontan aufgrund einzelner Nachrichten entstehen. Diese sind aber nur von kurzer Dauer und schaffen es meist nicht, grundlegende Strömungen zu beeinflussen.[8]

➲ Es gibt keine gespaltene Gesellschaft

Lassen Sie sich nicht von der Vorstellung einer gespaltenen Gesellschaft täuschen. Die Nachrichten vermitteln den Eindruck, dass ein tiefer Riss durch die Gesellschaft geht und sich zwei gleich große Lager gegenüberstehen. **Tatsächlich gibt es zu den meisten Themen sozialistische Zustimmungsraten.** Selbst während der Corona-Pandemie unterstützten mehr als 80 % der Menschen die Regierungsmaßnahmen oder forderten sogar strengere Maßnahmen. Auch in den USA, wo sich Demokraten und Republikaner oft unversöhnlich gegenüberstehen, gibt es keine echte Spaltung der Gesellschaft. Wenn man Nichtwähler und progressive Wähler der Republikaner einbezieht, unterstützen lediglich 10 bis 20 % der US-Bevölkerung die Radikalen ihrer Partei.

➲ Grundsätzliche Zustimmung

Dieses Phänomen erstreckt sich auch auf viele andere Themen, sei es der Klimawandel, die Nutzung von Autos oder die Haltung gegenüber Einwanderung. Die große Mehrheit ist für Argumente zugänglich. Oftmals verläuft Streit nicht zwischen „Ja" und „Nein", sondern zwischen „Ja, aber" und „Nein, aber". Warum existiert dann das Gefühl, dass alles anders ist?

➲ Stimmungen werden bewusst geschürt

Die moderne Medienlandschaft spielt hier eine entscheidende Rolle. Reichweite und Klickzahlen sind von zentraler Bedeutung. **Die schrillste Pointe gewinnt, der beste Trigger empört die Menschen.** Je mehr Empörung erzeugt wird, desto mehr Menschen sehen die Nachricht. In der heutigen Öffentlichkeit werden die Menschen so permanent mit Empörung konfrontiert. „Sieh mal, gegen wen du dich heute positionieren kannst" und „Schau, worüber du dich heute empören kannst." Die sozialen Medien sind drastische Verstärker der Polarisierung.

„Es ist zwar eine Minderheit, die einen zerstörerischen Ton im Umgang mit Problemen, im Umgang mit politischen Entscheidungen setzt. Aber dieser Ton verbreitet sich über die sozialen Medien in einer unglaublichen Geschwindigkeit und strahlt so auch auf die Mehrheit aus."

SPD Ministerpräsidentin Malu Dreyer im Interview.[9]

Diese (scheinbaren) Polarisierungen nutzen vor allem die Populisten aus. Die Spaltung der Gesellschaft ist eine zentrale Komponente ihrer Strategien. Ausländische Trollfabriken befeuern die Debatten, sei es, um mit Klickzahlen Geld zu verdienen, sei es, um unsere Gesellschaft mit Fake-News, Verschwörungsmythen und Lügen zu destabilisieren.

➡ Man kann mit der großen Mehrheit vernünftig sprechen

Dieser Entwicklung können und müssen wir uns entgegenstellen. Dafür hilft es, wenn wir uns immer wieder bewusst machen, dass die Vernünftigen in der großen Mehrheit sind. Mit den Rändern auf der linken und rechten Seite (ohne die gleichsetzen zu wollen) müssen wir uns beschäftigen, wichtiger ist aber die große Mehrheit.

9. Wir können was tun

Es gibt viele Menschen, die glauben, dass sie ohnehin nichts tun könnten, sei es bezüglich Populismus, dem Klimawandel, dem Artensterben, oder der „großen" Politik allgemein. Sie fühlen sich hilflos angesichts dieser großen Themen. Dabei wird oft übersehen, dass bereits Fortschritte erzielt wurden und vieles sich im Vergleich zu früher verbessert hat. Im Jahr 2000 konnte ein Spitzenkandidat der CDU den Slogan „Kinder statt Inder" verwendet, heute sind solche Aussagen nur noch von Rechtspopulisten zu hören. Vor 30 Jahren standen homosexuelle Partnerschaften noch im Strafgesetzbuch, heute reagiert die Bevölkerung gelassen auf homosexuelle Politiker. Vor 40 Jahren wurde erbittert über Atomenergie gestritten, Solarstrom ist mittlerweile die kostengünstigste Energiequelle. Seit 50 Jahren nehmen Gewaltverbrechen und Kriminalität kontinuierlich ab. Mit anderen Worten, vieles hat sich bereits verbessert. Warum sollte es nicht auch in Zukunft besser werden?[10]

➲ Wider den Fatalismus

Natürlich gibt es existenzielle Probleme, die die Gesellschaft und die Menschheit als Ganzes bedrohen. Aber wir dürfen nicht fatalistisch werden, wenn es darum geht, diese Probleme anzugehen. In Zeiten der Krise nutzen Menschen die Ängste und Sorgen der Bevölkerung aus – ein Mechanismus, der seit jeher existiert. Lügen, Propaganda und Fake News sind nichts Neues und fest in unserer Alltagswelt verankert. Selbst Martin Luther sagte einst: „Eine Lüge ist wie ein Schneeball, je weiter man ihn rollt, desto größer wird er." Dies bedeutet jedoch auch, dass er trotzdem immer weiterrollt.

➲ Handeln verbessert das Wohlbefinden

Die psychologische Forschung hat gezeigt, dass das Gefühl der Selbstwirksamkeit, die Überzeugung, selbst etwas bewirken zu können, das beste Mittel gegen dunkle Gefühle wie Angst, Ohnmacht und Hilflosigkeit ist. Dabei müssen wir nicht gleich die ganze Welt retten. Vielmehr kommt es darauf an, kleine Veränderungen in unserer unmittelbaren Umgebung anzustreben. Kleine Schritte können helfen, insbesondere, wenn viele Menschen sie unternehmen. Wir werden den Klimawandel alleine nicht aufhalten können, trotzdem können wir viel tun: beim nächsten Mal einen kleineren Kühlschrank kaufen, ein sparsameres Auto, sparsameres Heizen, eine gesündere Ernährung, die richtigen Forderungen an Parteien stellen etc. Dieser

Ansatz der kleinen Schritte kann auf viele andere Themen übertragen werden.

Und das Beste daran ist, dass das eigene Vorbild wirkt. Forscher befragten in England die zehn engsten Freunde von Personen, die bewusst auf Flugreisen verzichteten. Es stellte sich heraus, dass, die Mehrheit ihrer Freunde bereits auf Flüge verzichtet hatte. Obwohl diese Personen normalerweise nicht besonders umweltbewusst waren.

➲ Im Gespräch bleiben – Es hilft

Es ist wichtig, sich immer wieder daran zu erinnern, dass wir handeln können. Wir dürfen nicht wie das Kaninchen vor der Schlange erstarren und in Lethargie verfallen. Es sind die kleinen Schritte, die wir ändern können. Bleiben Sie am Ball und geben Sie nicht auf. Auch nicht bei Gesprächen mit Populisten. Auf lange Sicht macht das nicht nur die Welt besser, sondern auch Sie selbst glücklicher.

10. Für schwierige Situationen braucht es eine Strategie

Stellen Sie sich vor, Sie würden in fremde Länder reisen, ohne sich vorher über die Einreisebestimmungen oder über erforderliche Impfungen zu informieren. Für schwierige Lebenssituationen ist Vorbereitung unerlässlich. Dies gilt auch für Gespräche mit modernen Lügnern und Populisten. In diesen Situationen benötigen Sie eine klare Strategie, um nicht unvorbereitet ins Ungewisse zu gehen.

➲ Sich vorbereiten

In der Regel kennt man die (emotional aufgeladenen) Themen: Geschlechtergerechtigkeit, Verkehrswende, Klima, Migration, Ernährung usw. Sie sind höchstwahrscheinlich bereits mit vielen dieser Themen in Berührung gekommen. Egal wie das Thema lautet, es gibt dann zwei Arten von Situationen:

Erstens, Situationen in denen immer dieselben Menschen dieselben Themen ansprechen, wie beispielsweise die unsäglichen Diskussionen beim Essen über Ernährung. Für solche Situationen können Sie sich relativ einfach vorbereiten. (Wie, das erfahren Sie in den nächsten Kapiteln). Grundsätzlich gilt: Springen Sie nicht über jedes Stöckchen, halten Sie Ihre eigene Empörung in Schach und legen Sie sich eine passende Antwort bereit.

Die zweite Situation ist nur scheinbar komplizierter. Wenn populistische Argumente überraschend in einem Gespräch auftauchen, zum Beispiel im Gespräch mit einem Arbeitskollegen am Kopierer. „Diese Ausländer haben keinen Respekt vor unserer Kultur." Ihr erster Wunsch mag sein, eine perfekte Antwort parat zu haben, aber in der Regel werden Sie das nicht schaffen. Und wie gezeigt, kommt es auf die richtigen Argumente auch gar nicht an. In solchen Situationen müssen Sie zuerst Zeit gewinnen, um die Überraschung zu überwinden. (Auch hier finden Sie in den nächsten Kapiteln genügend Informationen, wie das gelingen kann.) Denn Sie benötigen nicht zwingend überzeugende Argumente, sondern vielmehr ein System, wie Sie in solchen Situationen vorgehen können.

Ein letzter wichtiger Aspekt: **Denken Sie immer daran, dass Sie mit Emotionen arbeiten.** Populisten sind sehr gut darin, Emotionen zu schüren und zu bedienen. Sie müssen im Gegenzug Ihre Emotionen im Griff haben. Ohne Vorbereitung werden Sie dies nicht schaffen.

Fazit

In den nächsten Kapiteln erfahren Sie, wie Sie auf Populisten reagieren können. Nutzen Sie die zehn Grundregeln als Basis. Mit diesen Grundlagen haben Sie Ihr Rüstzeug beisammen.

Jetzt folgt der Start in die Umsetzung.

2. Der Start – Sie haben Ihre Emotionen im Griff

Man kann nicht mit jemanden diskutieren, wenn einem im wahrsten Sinne des Wortes der Kragen platzt. Gerade im Umgang mit Populisten ist es jedoch entscheidend, ruhig zu bleiben und sich nicht von seinen Emotionen überwältigen zu lassen.

A: „Gas ist schon wieder teurer geworden. Die da oben haben doch keine Ahnung mehr von den Problemen der kleinen Leute. Mit einer anderen Regierung würden wir mit Russland Frieden schließen"

B: „Mein Gott, wir haben das doch schon mindestens 30-mal besprochen. Russland hat die Ukraine angegriffen, worüber sollen wir da verhandeln? Entweder sind Sie völlig uneinsichtig oder versuchen mich zu veräppeln."

Wie im vorherigen Kapitel erörtert, drehen sich diese Gespräche oft um das Ablassen von Ängsten und Emotionen, weniger um eine sachliche Diskussion. Zudem verwenden Populisten und Radikale Emotionen, um Debatten zu steuern und zu manipulieren. Deshalb ist es von großer Bedeutung, in Gesprächen ruhig zu bleiben und nicht auf die emotionale Ebene einzusteigen. Hierfür gibt es verschiedene Hilfsmittel.

Erster Schritt: Emotionen akzeptieren

Wut und Ärger sind seit jeher Teil der menschlichen Erfahrung. Dieses System ist tief in unserer DNA verwurzelt und hat über Millionen von Jahren unser Überleben gesichert. Wut mobilisiert Energie, die uns in Auseinandersetzungen mit Feinden oder auf der Jagd zusätzliche Kraft verleiht. Ärger bewirkt, dass wir unser Verhalten überdenken und beim nächsten Mal anpassen. Beides war notwendig für unser Überleben. Die Welt hat sich jedoch weiterentwickelt, und heute haben wir es nicht mehr mit Mammuts oder Säbelzahntigern zu tun, sondern mit Computern, Vorgesetzten und lästigen Nachbarn. Die Welt ist stressiger geworden und es gibt schlicht mehr Möglichkeiten, sich zu ärgern: Die Tochter hat schon wieder ihre Schuhe im Weg stehen lassen, die Chefin hat die Besprechung ausgerechnet heute so spät angesetzt, der Bus ist wieder zu spät … Ärger gehört zum normalen Alltag, es ist normal, sich über andere Menschen zu ärgern. Akzeptieren Sie Ihren eigenen Ärger, Sie müssen (nur) einen konstruktiven Umgang finden.

Zweiter Schritt: Ändern Sie Ihre eigene Einstellung.

Den Alltagsärger kann man ertragen, nicht über alles muss man sich aufregen. Den Ärger über andere Menschen zu überwinden, ist oftmals komplizierter. Manchmal genügt ein einziger Satz, um jemanden unsympathisch zu finden. In solchen Momenten ist es wichtig, Ihre eigenen Vorurteile kritisch zu hinterfragen. Wenn Ihnen jemand unsympathisch ist, können Sie Ihre Meinung jederzeit ändern, indem Sie kurz überlegen, woran es liegen könnte. „Vielleicht hat die andere Person einen schlechten Tag". Ihr Gegenüber könnte ein großartiger Mensch sein, aber das haben Sie möglicherweise noch nicht erkannt.

Kurzfristig, in der Situation, müssen Sie Ihre eigene Einstellung überwinden. Ein hilfreiches Mittel ist, auf Kleinigkeiten zu achten, die Sie an der Person mögen: vielleicht die Schuhe, eine schöne Brille oder die Art, wie sie andere begrüßt. Manchmal reicht es sogar aus, wenn Sie die Begleitperson Ihres Gesprächspartners nett finden (für schwierige Fälle). Dadurch eröffnen Sie die Möglichkeit, die negativen Gefühle gegenüber dieser Person loszulassen.

„Das Ärgerliche am Ärger ist, dass man sich schadet, ohne anderen zu nützen"

Kurt Tucholsky

Dritter Schritt: Positives Auftreten

Menschen lassen sich durch Wertschätzung erreichen. Dies ist zwar nicht immer einfach, aber es funktioniert, wenn Sie bereits Ihre eigenen Einstellungen in Frage gestellt haben. Dann sind Sie offener für Ihr Gegenüber.

Die einfachste Möglichkeit einen positiven Dialog zu starten, ist mit einer Wertschätzung für Ihr Gegenüber zu beginnen. Passionierte Videospieler waren zum Beispiel weniger kritisch gegenüber Befunden zur Schädlichkeit von Mediengewalt, wenn ihnen zuvor als Gruppe besondere Kompetenzen zugesprochen wurden.[11] In den USA zeigte sich, dass Klimawandel-Leugner offener für kritische Forschungsergebnisse waren, wenn eine umweltbewusste Einstellung als patriotisch dargestellt wurde.[12] Auch Unternehmen machen sich dieses Prinzip zunutze. Wenn Sie dem Beschwerdedienst einer Firma schreiben, beginnt die Antwort in den meisten Fällen mit „Vielen Dank für Ihr Schreiben …". Dieser Satz kostet nicht viel. Er wird in Vorlagen einfach eingebaut. Als Kunde fühlen Sie sich jedoch von Anfang an wertgeschätzt.

Diesen „Trick" können Sie auch im zwischenmenschlichen Gespräch anwenden. Ein „Ich verstehe deine Meinung sehr gut" hilft als Eisbrecher und selbst ein „Darüber habe ich auch schon nachgedacht" reicht in vielen Fällen, um eine Gemeinsamkeit herzustellen. Manchmal hilft es auch schon, ein Kleidungsstück oder andere äußere Merkmale zu loben. Sie können sich einen Satz zurechtlegen, den Sie regelmäßig verwenden. Dieser bietet Ihnen eine Hilfe, wenn Sie anfangen, sich über Ihr Gegenüber aufzuregen.

> „Ich schätze dich wirklich und finde es immer wieder interessant, wie du die Dinge siehst."
>
> „Du hast eine großartige Art, deine Meinung zu sagen. Bringt einen auf neue Ideen"
>
> „Schicker Schal, die Farbe steht dir sehr gut"

Vierter Schritt: Überwinden Sie den Ärger

Statistisch gesehen ärgern wir uns mindestens zweimal pro Woche. Zum Glück verschwindet dieses Gefühl nach etwa einer Stunde.[13] Es ist nicht besonders hilfreich, den Ärger einfach zu unterdrücken, ungehemmtes Ablassen von Dampf ist normalerweise auch keine Lösung. Stattdessen ist es sinnvoller, den Ärger bewusst zu kontrollieren. Es gibt verschiedene Methoden:

Tief Durchatmen: Die einfachste Methode. Einmal tief Luft holen. Einige Menschen finden es auch hilfreich, die Luft für einige Sekunden anzuhalten und dann tief auszuatmen. Ein paar tiefe Atemzüge können dazu beitragen, die Spannung abzubauen und Emotionen besser zu kontrollieren. Die damit verbundene kurze Pause ermöglicht es auch, über eine angemessene Reaktion nachzudenken und impulsives Verhalten zu vermeiden.

Humor: Eine weitere einfache Methode, um mit Ärger umzugehen, wurde von dem Arzt und Komiker Eckardt von Hirschhausen treffend beschrieben: „Die einfachste Art, keinen Ärger zu haben, ist, keinen Ärger zu haben." Das bedeutet nicht, dass Sie Ihren Ärger unterdrücken sollten, sondern dass Sie versuchen, humorvoll mit der Situation umzugehen. Humor ist oft das beste Mittel, um mit Ärger umzugehen. Wortspiele und humorvolle Bemerkungen können helfen, Spannungen zu lösen. Manchmal reicht es aus, ein bisschen Wortwitz in die Situation einzubringen, um diese und sich selber weniger ernst zu nehmen. Zugegebenermaßen benötigt man dafür eine gewisse Spontanität. Aber auch hier können Sie sich vorbereiten. Suchen Sie sich abstruse Beispiele aus ihrem Alltag, die sie einstreuen können: Zum Beispiel: „Wir retten vielleicht nicht die Welt, aber zumindest können wir einen Toaster reparieren.", „Ich habe zwar auch keine Lösung, aber wenigstens habe ich letztens meinen Schlüssel wiedergefunden". Sie lenken mit solchen Sätzen vom Thema ab, erkaufen Zeit und mit ein bisschen Glück haben Sie auch ihren eigenen Ärger beruhigt.

Denke Sie aber daran, dass nicht jeder denselben Sinn für Humor hat. Es ist wichtig, sensibel auf die Reaktionen der anderen zu achten. Humor kann eine großartige Möglichkeit sein, Emotionen zu beruhigen und das Gespräch angenehmer zu gestalten, solange er respektvoll und angemessen eingesetzt wird.

Aufschieben: Eine weitere einfache Möglichkeit ist das Verschieben oder Zurückstellen Ihres Ärgers und Ihrer Wut. Das bedeutet, dass Sie Ihren Ärger vorübergehend in den Hintergrund rücken.

Eine gut funktionierende Methode ist die „Keksdose". Nehmen Sie sich eine alte Keksdose und schreiben Sie jeden Abend kleine Zettel mit den Dingen, über die Sie sich geärgert haben oder die sie loswerden wollen. Diese Zettel legen Sie dann einfach in die Keksdose und verschließen diese mit dem Deckel. Wenn Sie dann wieder an ihren Ärger denken müssen, stellen sie sich einfach vor, dass dieser Ärger bereits in der Keksdose liegt. Sie müssen sich deshalb nicht nochmal darüber ärgern. Mit etwas Übung funktioniert dieses Denken von ganz alleine. Und auch in Ihrer jeweiligen aktuellen Ärgersituation können sie sich ihre Keksdose vorstellen. Denken Sie daran, wie sie ihren Ärger auf einen Zettel schreiben, den Ärger in die Keksdose stecken und mit dem Deckel verschließen.

Eine andere Möglichkeit ist, einfach kurz den Ort zu verlassen. „Ich muss mal kurz vor die Tür" ist ein vielzitierter Satz mit einem wahren Kern. Sie können auch auf die Toilette gehen, sie müssen kurz etwas holen, sie haben was vergessen oder was Ihnen sonst so einfällt. Gehen Sie raus, atmen Sie tief ein und zählen Sie bis zehn. Überlegen Sie dann, warum genau Sie wütend sind. Denn mit etwas Zeit können Sie sich eventuell in die Lage Ihres Gesprächspartners versetzen. Es ist möglich, dass er gute Gründe für sein Verhalten hat. Die wildeste Verschwörungstheorie wird verständlich, wenn Ihr Gesprächspartner einfach nur Dampf ablassen wollte. Legen Sie Ihre eigenen Regeln fest, wann Sie sich Zeit nehmen, um über Ihren Ärger nachzudenken.

Das Setting verändern: Funktioniert hervorragend im Umgang mit kleinen Kindern. Wenn sich ihr Kind auf den Boden schmeißt, weil es in seiner Autonomiephase ist (landläufig Trotzphase genannt), dann nehmen Sie ihr Kind aus der Situation heraus. Tragen sie es einfach fünf Meter weiter oder gehen Sie mit dem Kind in einen anderen Raum. Das hilft schon häufig, um etwas Ruhe in die Situation zu bekommen. Und genau diese Methode funktioniert auch bei Erwachsenen. „Lassen Sie uns mal kurz zur Seite gehen“ oder „Kommen Sie mal mit, da hinten ist es etwas ruhiger. Da können wir uns besser unterhalten.“ Sie kommen damit aus der aktuellen, angespannten Situation heraus und können die Gelegenheit nutzen, um kurz durchzuatmen. Sie werden merken, dass allein diese kleine Veränderung schon dafür sorgt, dass die erste Wut und Ärger verraucht. Und auch Ihrem Gegenüber nehmen Sie damit den Schwung, er oder sie muss sich dann erstmal in einer neuen Situation zurechtfinden. Natürlich funktioniert diese Methode nur, wenn die Situation und die räumlichen Möglichkeiten dies zulassen. Auf einer Bühne wäre dies beispielsweise schwierig umzusetzen …

Anker setzen: Eine weitere effektive Methode, um in schwierigen Situationen ruhig und gelassen zu bleiben, besteht darin, einen Anker zu setzen. Ein Anker ist ein äußerer Reiz, der eine bestimmte Emotion in uns auslöst. Stellen Sie sich zur Vorbereitung verschiedene typische Situationen konkret vor: Wann ist Ihnen das letzte Mal der Hut hochgegangen, wann fühlten Sie sich von Ihrem Ärger übermannt? Wie ging es Ihnen in dieser Situation? Beschreiben Sie ihre negative Emotion und gleichzeitig Ihre Wunsch-Emotion.

Finden Sie jetzt einen Anker, der Ihnen hilft, in einem Gespräch ruhig zu bleiben. Sie können Ihren Anker visuell, kinästhetisch (durch eine spezielle Bewegung) oder haptisch (durch das Halten eines Gegenstands) setzen. Ein visueller Anker könnte beispielsweise ein Bild oder ein Symbol sein, dass Sie sich in schwierigen Situationen vor Augen führen. Ein kinästhetischer Anker ist eine spezifische Bewegung, die Sie ausführen. Zum Beispiel das Zupfen am Ohrläppchen oder den Daumen und Zeigefinger aufeinander zu pressen. Ein haptischer Anker ist schließlich ein Gegenstand, den Sie berühren können: ein Stift, ein Haargummi oder Ihr Haustürschlüssel. Wählen Sie die Art des Ankers, die am besten zu Ihrem persönlichen Typ passt.

Nutzen Sie den Anker in Gespräch. Halten Sie sich daran fest, egal ob Bild, Bewegung oder Gegenstand. Sie können ihren Anker auch trainieren: Denken Sie an ein positives Gefühl, während Sie Ihren Anger vor Augen haben. Danach trainieren Sie mehrmals täglich: Jedes Mal, wenn Sie an ihren Anker denken/die Bewegung ausführen/den Gegenstand in die Hand nehmen, denken Sie an das positive Gefühl. Sie verknüpfen dieses so mit dem Anker. Nach einiger Zeit sollte sich ein Automatismus einstellen, den Sie auch in schwierigen Situationen abrufen können.

Zeit gewinnen – Der Zauberstab: Wenn ein Gespräch dennoch hochkocht, ist es wichtig, Zeit zu gewinnen. Denn Zeit ist der Zauberstab, um die eigenen Emotionen zu kontrollieren. Zeit gewinnen sie ganz einfach: Machen sie eine Pause und stellen Sie dann Fragen.

Pause machen: Sagen Sie zunächst nichts. Lassen Sie die Aussage der anderen Person auf sich wirken. Nutzen Sie die Zeit, um Ihre Emotionen zu beruhigen. Sie können auch an Ihren Anker oder etwas Schönes denken, dass Sie sich nachher gönnen werden. Sie können eine nachdenkliche Miene aufsetzen oder ein langgezogenes „Hmmm“ von sich geben. Ziehen Sie ihr Schweigen in die Länge, beruhigen Sie sich und Ihr Gegenüber. Der Schlüssel ist, wirklich nicht sofort zu antworten. (Das ist schwieriger, als Sie denken. Das müssen Sie üben.)

Fragen stellen: Dieses Mittel haben Sie bereits kennengelernt. Versuchen Sie, allgemeine Fragen zu stellen, ohne in eine Diskussion einzusteigen. „Woher kommen denn diese Aussagen?“, „Ist das so?“, „Kann das sein?“ Ziel ist, den anderen erstmal reden zu lassen. Damit können Sie sich in aller Ruhe auf das Thema einstellen. Sie können damit auch das Ziel oder die Absichten Ihres Gesprächspartners erfassen. Wichtig ist, in dieser Phase auch wirklich im Allgemeinen zu bleiben und nicht auf das Gesagte einzugehen.

Wenn Ihr Gegenüber weiterredet, fangen Sie einfach wieder mit einer Pause an, sagen Sie nichts, entspannen Sie sich einfach. Sie müssen nicht immer etwas machen (Grundregel Nr. 7). Stellen Sie dann wieder eine allgemeine Frage. Das können sie so oft wiederholen, bis Sie Ärger und Wut überwunden haben und sich bereit für eine Diskussion fühlen.

Diese Methode können Sie in einfacheren Situationen üben, bis sie zur Routine geworden ist. Sie haben dann eine Richtschnur parat, welche Sie durch schwierige Gesprächssituationen trägt.

A: „Also, ich finde den Trump ja gar nicht so schlecht. Der sagt wenigstens, was Sache ist, selbst der Papst unterstützt den Wahlkampf von Donald Trump."

B: Pause „Hmmmm, denkst Du?"

A: „Ja, habe ich doch selbst gelesen. Ich weiß gar nicht mehr genau wo, aber der Papst war auf jeden Fall für Trump."

B: Pause „Donnerwetter, der Papst. Warum sollte er denn für Trump sein?"

A: „Naja, der findet den halt auch gut."

B: Pause „Ja, die Welt ist schon kompliziert. Da kann man schon mal durcheinanderkommen. Wo stand das noch mal?"

Fünfter Schritt: Reflexion

Gespräche mit Populisten sind sehr herausfordernd. Wenn es dennoch unschön wurde, ärgern Sie sich nicht (oder nur ein bisschen), es hilft jetzt sowieso nichts mehr. Nutzen Sie stattdessen die gemachte Erfahrung. Überlegen Sie in einer ruhigen Minute, woran es gelegen haben könnte. Manche Menschen bringen einen einfach auf die Palme, manchmal ist es das Thema (eigene Triggerpunkte) und manchmal war man selber nicht gut vorbereitet. Die Reflexion kann ihnen helfen, beim nächsten Mal die richtigen Ansatzpunkte zu finden.

Und nicht immer ist der oder die andere Schuld. Zu einer Diskussion gehören zwei Personen, und beide haben in der

Regel ihren Anteil. Allerdings gibt es auch Menschen, mit denen muss man nicht mehr reden. Wie in der Grundregel Nr. 6 beschrieben, die Verborten und Überzeugten werden sie nicht erreichen. Es ist völlig in Ordnung, Kontakte abzubrechen oder gewissen Menschen aus dem Weg zu gehen. In einem professionellen oder familiären Umfeld, wo dies nicht ohne weiteres möglich ist, sollten sie natürlich die Kanäle aufrechterhalten. Dann nutzen Sie die Reflexion, um neue Ansatzpunkte für die nächste Debatte zu finden.

Zusammenfassung

Selbst mit sehr viel Training schaffen es nur wenige Menschen, in jeder Situation gelassen und ruhig zu bleiben. Es gibt sehr ruhige Menschen, denen fällt es relativ leicht, auch in den emotionalsten Gesprächen gelassen zu bleiben. Auf der anderen Bandbreite gibt es auch sehr impulsive Menschen, die keinem Streit aus dem Weg gehen. Überlegen Sie sich, wo Sie auf dieser Skala stehen. Stehen Sie am sehr ruhigen Ende, sind Sie für jedes Gespräch gewappnet. Sind Sie eher ein impulsiver Mensch, müssen Sie an sich arbeiten. Die oben genannten Methoden können Ihnen dabei helfen, finden Sie die Hilfsmittel, die am besten zu Ihnen passen.

Zum Abschluss dieses Kapitel noch ein Plädoyer für etwas mehr Gelassenheit, die uns allen gerade guttun würde. Denken Sie immer daran, Sie haben es mit Menschen zu tun (Regel Nr. 1). Wenn man den Menschen mit Großmut und Verständnis entgegentritt, ist viel eigener Ärger eingespart.

„Man kann sich den ganzen Tag ärgern, aber verpflichtet ist man dazu nicht."

Marisa Bellisario, bekannte italienische Managerin

3. Die Durchführung – Sie lenken das Gespräch

Wenn Sie in Gesprächen mit Populisten bestehen wollen, ist es entscheidend, die Gesprächsführung zu übernehmen. Dies mag auf den ersten Blick schwierig erscheinen, ist es aber nicht. Ein paar einfache Methoden reichen. Wenn Sie diese anwenden, schaffen Sie das.

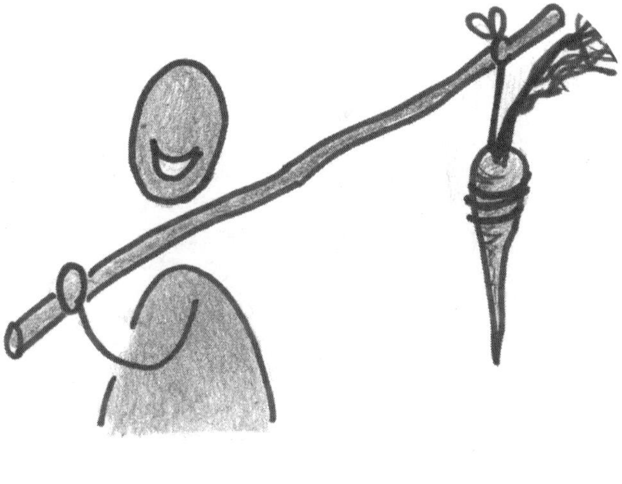

Sie müssen die Kontrolle über das Gespräch behalten. Populisten sind geschickt in ihrer Argumentation und haben sich möglicherweise monatelang, sogar jahrelang mit dem Thema auseinandergesetzt und mit welchen Aussagen sie punkten können. Sie sind erfahren darin, Gegenargumente zu liefern, angebliche Studien zu zitieren und Verwirrung zu stiften, sodass am Ende nur noch Streit und Chaos herrscht. Solche Menschen können ihre Gesprächspartner im Wortsinne „an die Wand reden". Sie dürfen deshalb in schwierigen Gesprächen nicht den Faden verlieren. Dazu gibt es verschiedenen Methoden, aber zuerst müssen Sie wissen, was Ihr Gegenüber eigentlich will.

Wie kann ich erkennen, was mein Gesprächspartner wirklich will?

Gemäß dem Eisbergmodell (googeln Sie es mal, wenn Sie davon noch nicht gehört haben[14]) finden 80 % der Kommunikation unsichtbar statt, das heißt es geht um Einstellungen, Werte, Emotionen, kurzum alles, was unter der metaphorischen „Wasseroberfläche" verborgen ist. Das gesprochene Wort macht hingegen nur 20 % der Kommunikation aus. Das ist die sichtbare Hälfte des Eisberges. Ähnlich wie die Titanic an einem Eisberg scheitern kann, können auch viele Gespräche an den unausgesprochenen Aspekten scheitern.

Gerade in emotional aufgeladenen Diskussionen mit modernen Lügnern geht es selten um die Sache an sich (Grundregel Nr. 3). Im Vordergrund stehen vielmehr Lebenseinstellung, Werte und Sichtweisen. Es ist wichtig zu verstehen, was Ihr Gesprächspartner antreibt:

1. Möchte sie mit mir reden oder nur Frust loswerden?
2. Geht es hier um die Sache, oder will er sich nur rechtfertigen?
3. Will sie mich überzeugen oder einfach nur Recht haben?

Finden Sie heraus, was diese Menschen wirklich bewegt. Fragen Sie sich: „Wo steht die Person gerade? Was ist ihr eigentliches Anliegen?“ Ein kurzer Blick genügt oft, um eine Vorstellung von der Stimmung zu bekommen. Sie können dann ihre Gesprächsstrategie daraufhin anpassen. Wenn Sie Schwierigkeiten in diesen Situationen haben, kann die ICE-Methode hilfreich sein. Die Abkürzung „ICE“ steht für:

Interest (Interesse) – Versuchen Sie, sich in Ihr Gegenüber einzudenken und herauszufinden, was diese Person wirklich bewegt. Finden Sie Themen, die für Ihren Gesprächspartner interessant und relevant sind, unabhängig von Ihrer eigenen Sichtweise. Ziel ist, den anderen und seine Interessen wahrzunehmen.

Concern (Bedenken) – Identifizieren Sie die möglichen Bedenken und Zweifel Ihres Gesprächspartners, sowohl in Bezug auf die Aussage als auch allgemeine Probleme, die Ihr Gesprächspartner möglicherweise hat – Anforderungen und Belastungen, persönliche Hintergründe etc. … Indem Sie proaktiv darauf eingehen, verringern Sie den Widerstand.

Emotion (Emotionen) – Oft bringt Ihr Gesprächspartner Emotionen mit ins Gespräch, die das Gespräch beeinflussen, obwohl sie nicht unbedingt mit dem Thema zu tun haben. Wenn es Ihnen gelingt, diese emotionalen Zustände frühzeitig zu erkennen und darauf einzugehen, können Sie eine tiefere Verbindung herstellen und dadurch mehr Überzeugungskraft erzielen.

Die ICE-Formel ist ein strukturierter Ansatz, um Ihren Gesprächspartner besser zu verstehen. Seine oder ihre Motive, Prägungen und potenziellen Einwände zu erfassen und sich entsprechend vorzubereiten. Auch bei der Nachbetrachtung eines Gesprächs kann die ICE-Methode hilfreich sein, insbesondere wenn das Gespräch im Streit und Erschöpfung endete. Dann sollten Sie die drei Bereiche erneut überprüfen und feststellen, ob möglicherweise ein Bereich vernachlässigt wurde. Vor allem bei immer wiederkehrenden Streitereien um das gleiche Thema, kann Ihnen dieses Vorgehen Lösungsansätze bieten.

Im Gespräch selber können Sie dann ein paar Techniken verwenden, um das Gespräch in die richtige Richtung zu lenken.

Nutzen Sie Fragen

A: „Für Schweden gilt eine massive Reisewarnung, herausgegeben vom Auswärtigen Amt. Trump hatte ja auch von Flüchtlingsausschreitungen in dem Land gesprochen."

B: „Warum glaubst Du, dass es für Schweden eine Reisewarnung gibt?"

A: „Na, wegen den ganzen Flüchtlingen dort".

B: „Das habe ich noch nicht verstanden, wie war das noch mal mit Trump"?

A: „Na, der hatte in einer Rede doch davon erzählt."

B: „Wovon hatte der genau erzählt?"

„Wer fragt, der führt." Dies gilt vor allem in schwierigen Gesprächssituationen. Fragen erfüllen verschiedene Zwecke: Sie können Spannungen mindern und Gespräche sachlicher gestalten. Sie zeigen Ihr Interesse und helfen, die eigentlichen Anliegen Ihres Gesprächspartners zu ergründen.

Fragen sind ein wertvolles Werkzeug, um schwierige Gespräche in ruhigere Bahnen zu lenken (Denken Sie an die Grundregel Nr. 5: „Führen Sie eine Unterhaltung, kein Streitgespräch"). Fragen sind die einfachste Form der Kommunikation und können, wenn sie richtig eingesetzt werden, wahre Wunder bewirken. Grundsätzlich lassen sich Fragen in zwei Kategorien einteilen: offene und geschlossene Fragen.

Offene Fragen öffnen das Gespräch und erlauben Ihrem Gegenüber, frei und ohne Einschränkungen zu antworten. Zum Beispiel: „Welche Aspekte dieser Geschichte finden Sie besonders interessant?" oder „Was könnte Sie von der Gegenmeinung überzeugen?" Insbesondere zu Beginn eines Gesprächs oder während der Klärung der Situation sind offene Fragen äußerst nützlich. Sie können dazu beitragen, Gespräche in Gang zu setzen, oder die zugrundeliegenden Motive zu verstehen. Gleichzeitig bieten sie die Möglichkeit, Zeit zu gewinnen.

Geschlossene Fragen hingegen beschränken die Antwortmöglichkeiten, oft auf ein einfaches „Ja" oder „Nein". Zum Beispiel: „Stimmen Sie damit überein?" oder „Sehen Sie das genauso?" Geschlossene Fragen können dazu verwendet werden, Ihr Gegenüber präziser zu befragen und auch mal „festzunageln". Eine häufige Kommunikationsstrategie von Populisten ist, möglichst im Ungefähren zu bleiben: Andeutungen, schnelle Themenwechsel, sich nicht festzulegen … Diese Methoden dienen auch dazu, keine Angriffsfläche zu bieten. Eine gute geschlossene Frage ist dann: „Habe ich jetzt richtig verstanden, dass …?" Geschlossene Fragen können jedoch als Angriff interpretiert werden, insbesondere bei sturen Gesprächspartnern. Es ist daher wichtig, solche Fragen mit Bedacht zu formulieren, um Missverständnisse zu vermeiden.

Zusätzlich zu dieser grundlegenden Unterscheidung zwischen offenen und geschlossenen Fragen gibt es in der Literatur weitere detaillierte Fragesysteme, wie klärende Fragen, Konkretisierungsfragen, zielführende Fragen, hypothetische Fragen, interpretierende Fragen und andere. Wenn Sie Ihre Gesprächsführungsfähigkeiten weiterentwickeln möchten, kann es sich lohnen, sich mit diesen Systemen auseinanderzusetzen. Für den alltäglichen Gebrauch reicht jedoch die Unterscheidung zwischen offenen und geschlossenen Fragen. Nutzen Sie diese Fragen aktiv, um Ihre Gesprächsführung zu verbessern.

Bleiben Sie am Thema

A: „Es wird ja alles immer schlimmer. Kürzlich hat die Polizei eine Frau festgenommen, die sich über einen parkenden Krankenwagen beschwert hatte – per Zettel an der Windschutzscheibe. Das Bild davon war im Internet zu sehen."

B: „Wo genau war denn das?"

A: „Na, in England, ich glaube in Wakefield oder so."

B: „Und deshalb wird alles hier in Deutschland immer schlimmer?"

A: „Ja, genau. Wie neulich, als der Raser noch dreist getankt hat und die Polizei den trotzdem nicht festnehmen durfte."

B: „Jetzt habe ich den Faden verloren. Erstmal ging es doch um den Krankenwagen, oder?"

A: „Ja, genau die Geschichte mit dem Krankenwagen in England."

B: „Und ich habe richtig verstanden, dass das ein Zeichen ist, dass hier alles schlimmer wird?"

Menschen nutzen Gespräche, um auch mal ihren Frust und Ärger abzulassen. Sie springen wild zwischen verschiedenen Themen hin und her und äußern alles, was sie beschäftigt, sei es die Ungerechtigkeit der Welt, die nachbarschaftlichen Konflikte, die Globalisierung oder der Preis von Erdbeeren im Supermarkt. „Professionelle" Populisten nutzen diese Methode als Taktik, um den anderen in die Ecke zu treiben. Wenn man dann versucht, mit Argumenten zu kontern, gerät man schnell in eine Rechtfertigungsschleife: Sie müssen sich dann für jedes Gegenargument rechtfertigen, obwohl ihr Gegenüber doch den eigentlichen Blödsinn verzapft.

In solchen Situationen ist es wichtig, hartnäckig zu bleiben und nicht auf jedes einzelne Thema einzugehen. Stattdessen müssen Sie beharrlich immer wieder auf den Ausgangspunkt, auf die Ursprungsthese Ihres Gegenübers, zurückgehen. Auf diese Weise wird es mit den NONIs im besten Fall möglich, eine wirklich konstruktive Diskussion zu führen. Bei den Überzeugten können Sie dagegenhalten. Um ein Gespräch wieder auf das eigentliche Thema zurückzuführen, können Sie verschiedene Techniken und Strategien verwenden:

Freundliche Lenkung: Sie können höflich und respektvoll darauf hinweisen, dass Sie zum ursprünglichen Thema zurückkehren möchten. „Ich verstehe, dass es viele Aspekte gibt, die dich beschäftigen, aber könnten wir uns kurz wieder auf das eigentliche Thema konzentrieren?". Dies funktioniert natürlich nur dann, wenn man noch in einem netten Gespräch ist und nicht schon im Streit.

Fragen: Auch hier ist das Werkzeug der Fragen sinnvoll einsatzbar. Stellen Sie offene Fragen, die direkt mit dem Hauptthema zu tun haben, um das Gespräch in die gewünschte Richtung zu lenken. Zum Beispiel: „Eine interessante Frage in Bezug auf das Hauptthema wäre … Wie siehst du das?" Geschlossene Fragen können Sie auch nutzen „Meinen Sie nicht auch, wir sollten so langsam mal wieder auf das eigentliche Thema „xy" zurückkommen?". Suchen Sie sich ein paar Phrasen aus, die Sie gerne nutzen.

Gemeinsame Interessen betonen: Betonen Sie die gemeinsamen Interessen oder Ziele, die mit dem Hauptthema verknüpft sind, und heben Sie hervor, warum es wichtig ist, sich darauf zu konzentrieren. Zum Beispiel: „Ich denke, wir sind uns einig, dass das Thema für uns beide von großer Bedeutung ist. Lass uns also sehen, wie wir dazu zurückkommen können."

Einfache Statements: Verwenden Sie klare und einfache Aussagen, um das Gespräch auf das Hauptthema zurückzubringen, ohne dabei zu argumentieren oder zu konfrontieren. Zum Beispiel: „Lassen Sie uns zurück zum Thema kommen." Wichtig ist hierbei auch wirklich kurz und knapp zu bleiben. So bleibt kein Raum für Widerspruch.

Stopp sagen: Ein simple, aber meist recht effektive Methode besteht darin, einfach „Halt Stopp" zu sagen. Damit kann man in aller Regel den Gegenüber unterbrechen. „Halt Stopp! Das geht mir jetzt zu weit, wir waren doch bei …". Das Problem dabei ist, dass man dafür sehr bestimmt auftreten muss (kann man lernen) und dass einige Menschen diese Methode als zu direkt empfinden.

Probieren Sie es einfach aus, womit Sie am besten zurechtkommen. Im Endeffekt müssen Sie nur etwas finden, mit dem Sie das Gespräch immer wieder auf das ursprüngliche Thema zurückholen können. Bleiben Sie dabei geduldig und beharrlich. Manchmal erfordert es Zeit und wiederholte Versuche, um das Gespräch wieder auf den richtigen Kurs zu bringen. Das kann sehr anstrengend werden, eine Alternative gibt es aber leider nicht. Wenn Sie nicht mehr können, sagen Sie es einfach klar und deutlich. Sonst wird Ihr Gegenüber kein Ende finden.

Keep it short …

> A: „Asylbewerber begehen ja viel mehr Straftaten als Deutsche. Alice Weidel von der AfD spricht von einem Anstieg von 130 in nur einem Jahr."
>
> B: „Ja, die AfD, die braune Soße. Das Delikt „Gruppenvergewaltigung" gibt es doch schon seit Jahrzehnten, das taucht auch in den polizeilichen Statistiken auf. Schon lange vor der Flüchtlingskrise wurden Hunderte solcher Fälle dokumentiert. Außerdem zeigt die Statistik, dass Flüchtlinge genau die gleiche Verbrechensrate haben wie Deutsche auch, einzig in der Kategorie „illegaler Grenzübertritt" gibt es natürlicherweise mehr Verfahren als bei Deutschen. Und außerdem hat die AfD ja auch die Falschmeldung verbreitet, dass die Polizei offiziell dazu angehalten sei, die Straftaten von Flüchtlingen zu vertuschen. Eine Fake News-Meldung, die die Weidel auch verbreitet hat: Ein dreiseitiges Papier enthält eine Sonderregel für straffällig gewordene Flüchtlinge. Eine Anweisung an die Behörden, angeblich vom NRW- Innenminister Herbert Reul persönlich. Wie kann man so jemandem trauen?"

Es gibt viele Strategien, um Menschen zu überzeugen, aber endloses Reden ist mit Sicherheit die ineffektivste. Wollen Sie die Gesprächsführung übernehmen, müssen Sie sich kurz fassen. Jede Ihrer Antworten oder Beiträge sollte kurz und prägnant sein, denn je mehr Sie reden, desto mehr wird auch Ihr Gegenüber reden. Und desto grösser ist auch die Wahrscheinlichkeit, dass sie den Gesprächsfaden verlieren.

Bleiben Sie konzentriert und fokussieren Sie sich auf das Wesentliche Ihrer Argumentation. Auf diese Weise können mehr Menschen (Zuhörer!) Ihnen folgen, selbst wenn Ihr Gesprächspartner lange Reden hält.

... and keep it simple

A: „Seit der Industrialisierung steigt allmählich die globale Mitteltemperatur der Luft in Bodennähe. Wissenschaftliche Forschungen belegen, dass wir mitten in einer anthropogenen – vom Menschen verursachten – Klimaänderung leben."

B: „Hör mir bloß auf mit diesem wissenschaftlichen Fachchinesisch. Klimawandel gibt es nicht. Alles eine Erfindung der Chinesen."

Die besten Aussagen sind wirkungslos, wenn Ihr Gegenüber sie nicht versteht. Dies gilt besonders im Kontext von populistischen Themen und Argumenten, wo viele Menschen von einfachen Antworten angezogen werden. Diskutieren Sie nicht in einer abgehobenen Sprache, da Sie diese Menschen damit nicht erreichen können. Verwenden Sie einfache Sprache und kurze Sätze. Vermeiden Sie dramatische Sprache, da Ihr Gesprächspartner diese wahrscheinlich bereits verwendet. Stellen Sie Sachverhalte rational und vor allen Dingen gelassen dar. Halten Sie sich an die Fakten und übertreiben Sie nicht. Das kann Ihr Gegenüber im Zweifelsfalle besser als Sie. Und, nicht zuletzt, ein wenig Humor schadet nie und kann die Kommunikation auflockern.

Nicht mehr als drei Argumente einsetzen

A: „Dieses Hemd hat eine gute Qualität, moderne Farben und beim Waschen läuft es nicht ein."

B: „Gekauft!"

Nicht zuletzt benötigen Sie für eine Diskussion natürlich auch Argumente. Am besten Gute! Obwohl oft genug betont wurde, dass es nicht auf Argumente, sondern auf Emotionen ankommt, ist es dennoch wichtig, einige überzeugende Antworten bereitzuhalten. Die gute Nachricht ist, dass Sie nur drei brauchen.

Denn eine entscheidende Komponente für erfolgreiche Verkaufsgespräche ist die Anzahl der Argumente. Zahlreiche Studien in der Marketingindustrie belegen dies. In einem Grundlagenexperiment wurden Probanden mit Shampoo-Werbung konfrontiert, die je nach Gruppe zwei, drei, vier, fünf oder sechs typische Argumente für das Haarwaschmittel enthielt, wie „XYZ macht die Haare gesünder, kräftiger, weicher, glänzender und voller." Sowohl vorher als auch nachher überprüften die Wissenschaftler die Einstellung der Teilnehmer zum Produkt. Die Ergebnisse waren eindeutig: Die optimale Anzahl der Argumente lag bei maximal drei. Hier gab es die höchste Reaktionsrate für Kaufimpulse. Ab dem vierten Argument stieg die Skepsis rapide an, und mit jedem weiteren Argument wuchs der Widerstand. Wenn Sie also jemanden überzeugen müssen, beschränken Sie sich auf höchstens drei Punkte, um Ihre Position zu stützen.

Gute Argumente hängen natürlich von der jeweiligen Thematik ab. Ein paar Grundlagen kann man sich aber merken. Gute Argumente beruhen auf Klarheit und Präzision. Vermeiden Sie vage oder mehrdeutige Formulierungen, um Missverständnisse zu minimieren. Gute Argumente sind sachlich. Unterlassen Sie Emotionen zur Begründung ihrer Position, denn Emotionen sind immer willkürlich. Gute Argumente sind immer mit Zahlen oder Fakten untermauert. Gute Statistiken oder glaubwürdige Quellen die man zitieren kann, Ihr Gegenüber muss diese erst einmal in Zweifel ziehen. Und nicht zuletzt, gute Argumente sind einfach. Sie bleiben beim Gegenüber hängen, weil sie sofort nachvollziehbar sind. Deshalb ist eine gute Vorbereitung auch so wichtig. Sie müssen sich, wenn möglich, bereits im Vorfeld gute Argumente für Ihr Gespräch suchen.

Wenn Sie die Zeit haben, sich auf ein Gespräch vorzubereiten, empfiehlt es sich außerdem, die Argumente in einer bestimmten Reihenfolge zu präsentieren. Aus der Rhetorik ist bekannt, dass die überzeugendste Argumentation systematisch aufgebaut ist: Das zweitbeste Argument sollte zuerst genannt werden, da es die Gesprächsatmosphäre am stärksten beeinflusst. Das schwächste Argument gehört in die Mitte, da es oft überhört und am schnellsten vergessen wird. Das beste Argument sollte am Ende stehen, um mit dem stärksten Punkt zu überzeugen.

In den meisten Fällen werden Sie jedoch solch eine Systematik nicht einhalten können. Dieser Ansatz ist eher etwas für Profis oder für Präsentationen vor Publikum. Für Ihre Gesprächsführung bietet die Konzentration auf drei Argumente dennoch einen entscheidenden Vorteil. Sie müssen diese Argumente nur griffbereit haben und nicht im Verlauf des Gesprächs neue suchen. Wenn nötig, wiederholen Sie sich. Das wird normalerweise nicht auffallen, da Ihr Gesprächspartner wahrscheinlich sowieso schon nach dem zweiten Argument das erste vergessen hat.

Das heißt im Umkehrschluss natürlich auch, Sie müssen die Argumente in überraschenden Gesprächssituation erstmal haben. Aber machen Sie sich nicht allzu viele Sorgen, in der Regel werden Sie schnell ein paar Gegenantworten parat haben. Meist kennt man ja seine Pappenheimer …

Floskeln für verschiedene Gesprächssituationen

Zum Ende dieses Kapitels finden Sie hier noch ein paar Allgemeinsätze oder Floskeln für verschiedenen Situationen. Floskeln helfen, um in schwierigen Gesprächen Zeit zu gewinnen und sich selber zu sortieren. Wenn man sich einen Vorrat anlegt, kann man immer wieder darauf zurückgreifen. Hier ein paar Beispiele:

Nichtsagende Antworten

„Ich kann gut verstehen, dass man an dieser Stelle einfache Antworten sucht. Ich glaube aber, dass es oft sehr schwer ist, die Wahrheit dahinter zu entdecken."

„Das habe ich mich auch schon in anderen Zusammenhängen gefragt und festgestellt, dass es dazu keine einfachen Lösungen gibt."

„Das ist ein schönes Thema, das wird uns sicherlich noch lange beschäftigen."

„Ja, das Leben ist schon sehr kompliziert, da fällt es schwer, den Überblick zu behalten."

Allgemeine Fragen

„Wo haben Sie denn Ihre Informationen her?"

„Wer ist denn Ihrer Meinung nach dabei involviert?"

„Ist das eine Einzelmeinung oder gibt es da ein breites Bündnis?"

„Gibt es dazu auch Gegenstimmen?

Anerkennung vermitteln

„Ich habe länger darüber nachgedacht, was Du das letzte Mal gesagt hast."

„Das Thema ging mir nicht mehr aus dem Kopf, deshalb wollte ich mich dazu noch mal mit Dir austauschen."

„Zu diesem Thema sind bei mir auch schon ganz viele Fragen entstanden."

Gemeinsamkeiten schaffen

„Sehen Sie dies auch so?"

„Was sagen Sie zu diesem Aspekt, da sind wir uns dich einig?"

„Sie haben doch ähnlich argumentiert, richtig?"

Zusammenfassung

Die Fähigkeit, die Gesprächshoheit zu behalten, ist entscheidend, um wirksam gegen Populisten zu bestehen. In den meisten Fällen werden sie mit Menschen zu tun haben, die sich nicht vorbereitet haben. Das heißt, wenn Sie die Gesprächsführung übernehmen und das Gespräch in vernünftige Bahnen lenken, tun Sie allen Beteiligten einen Gefallen. Echte Populisten hingegen sind in der Regel auch rhetorisch gut ausgebildet. Hier kann es schwieriger werden, die Gesprächshoheit zu behalten. Üben Sie deshalb, wie Sie am besten ein Gespräch lenken können. Denn schon Cicero sagte: „Reden lernt man durch Reden".

Wenn Sie das Gespräch lenken können, haben Sie auch die Möglichkeit eine Botschaft zu platzieren. Und dies führt uns gleich zum nächsten Kapitel, zum eigentlichen Ziel Ihres Gesprächs.

4. Ihr Ziel – Sie verankern eine Botschaft

Mit Argumenten können Sie niemanden überzeugen. Die wirkungsvollere Strategie ist stattdessen, eine Botschaft zu verankern, die im Gedächtnis Ihres Gegenübers haften bleibt. Und so vielleicht zum Nachdenken anregt.

A: „Diese kriminellen Ausländer, die sollte man alle sofort abschieben. Egal was sie gemacht haben. Raus und fertig."

B: „Alle Menschen sind vor dem Gesetz gleich, diesen Grundsatz dürfen wir nicht aufgeben."

Beim Gespräch mit Populisten ist es entscheidend, eine Botschaft zu verankern, die als Grundlage für Ihre Argumentationsstrategie dient. Ziel der Botschaft ist es, bei Ihrem Gegenüber einen Gedanken zu verankern, der langfristig eine Änderung bewirkt.

Grundlage für diesen Ansatz liegt in der Grundregel Nr. 1 „Sie haben es mit Menschen zu tun". Sie werden niemanden sofort überzeugen können, seine Meinung zu ändern. Auch mit den besten Argumenten nicht. Menschen und ihre Ansichten zu verändern braucht seine Zeit. Wenn Sie bei Ihrem Gegenüber eine Idee verankern können, ist er oder sie möglicherweise bereit, später darüber nachzudenken. „Möglicherweise", da Sie nie wissen können, welche Wirkung Sie tatsächlich erreichen. Aber Sie können das Feld bestellen und Ihre Saat ausbringen.

Die Konzentration auf Ihre Botschaft hat zudem noch einen Nebeneffekt. Es ermöglicht Ihnen, im Gespräch gelassen zu bleiben, da Sie nicht notwendigerweise auf die Argumente und Aussagen Ihres Gegenübers reagieren müssen. Dies ist besonders wichtig, da Populisten, wie betont, gerne provozieren und versuchen zu polarisieren. Wenn Sie sich stattdessen auf Ihre Botschaft konzentrieren, können Sie das Gespräch in ihrem Sinne gestalten. Ein klarer Fokus auf Ihre Botschaft stärkt Ihre Position und erleichtert die Kommunikation in herausfordernden Gesprächssituationen.

Und, nicht zuletzt, berücksichtigen Sie auch die Zuhörer, die möglicherweise an Ihrem Gespräch teilnehmen. Oft sind Gespräche nicht isoliert, sondern es gibt ein Publikum. Durch klare, kurze Botschaften können Sie nicht nur Ihr Gegenüber ansprechen, sondern auch die Aufmerksamkeit der Zuhörer gewinnen. Mit einfachen Botschaften haben Sie die Möglichkeit, breite Zustimmung zu finden und die Zuhörer und Zuhörerinnen auf Ihre Seite zu ziehen.

Wie sieht eine überzeugende Botschaft aus?

Die Kunst besteht darin, Ihre Botschaft so allgemein zu gestalten, dass sie nicht bis ins Detail ausdiskutiert werden muss und trotzdem eine klare Aussage zum Thema schafft. Im Gegensatz zu einem Argument müssen Sie eine Botschaft nicht aktiv verteidigen. Ihre Botschaft sollte deshalb so formuliert sein, dass sie intuitiv verstanden wird und Raum für unterschiedliche Perspektiven lässt. Stellen Sie sich vor, Sie treffen Ihre Gesprächspartnerin eine Woche später wieder und fragen sie, an welche Aspekte ihres letzten Gesprächs sie sich erinnert. Die Antwort darauf ist ihre Botschaft. (Nutzen Sie die Frage auch mal im privaten Umfeld, Sie werden erstaunt sein, an wie wenig Inhalte man sich von zurückliegenden Gesprächen erinnert.)

Merksatz: „Wonach soll sich mein Gegenüber beim nächsten Mal erinnern?"

Wie konkret eine Botschaft aussehen kann, hängt natürlich vom Thema ab (ein paar Beispiel folgen gleich). Es gibt aber ein paar Grundlinien, an denen man sich orientieren kann. Betonen Sie zum Beispiel allgemeine Werte, die vielen Menschen wichtig sind, wie Freiheit, Gerechtigkeit oder soziale Verantwortung. Populisten wollen spalten, hier eine positive Sichtweise dagegenzusetzen, kann helfen, Gemeinsamkeiten zu finden. Gemeinsame Werte schaffen eine Basis für Verständigung. Hilfreich ist auch oft, die Bedeutung von Einheit und Zusammenarbeit in der Gesellschaft zu betonen. Eine Botschaft, die Gemeinschaft und Solidarität in den Vordergrund stellt, bietet einen Gegenentwurf zu den spalterischen Tendenzen der Populisten. Sie können mit Ihrer Botschaft auch einen langfristigen Kontext aufzeigen, die großen Linien zeigen. Populisten neigen dazu, kurzfristige Lösungen zu propagieren, Sie hingegen können eine positive Vision für die Zukunft vermitteln. Eine klare, optimistische Vision kann Menschen ansprechen und dazu motivieren, sich für positive Veränderungen einzusetzen.

Der Schlüssel für eine gute Botschaft liegt darin, eine Verbindung mit den Anliegen der Zielgruppe herzustellen, ohne dabei Ihre eigenen Werte zu verleugnen. Populisten sprechen oft tief verwurzelte Ängste und Sorgen an, und eine effektive Botschaft sollte darauf eingehen, während gleichzeitig positive Perspektiven und Lösungen aufgezeigt werden. Zeigen Sie deshalb Empathie und Verständnis für die Anliegen Ihrer Zielgruppe. Durch die Anerkennung ihrer Sorgen können Sie eine Brücke für den Dialog bauen (Grundregel Nr. 5: „Führen Sie eine Unterhaltung und kein Streitgespräch"). Betonen Sie die Bereitschaft zum Dialog und zur Zusammenarbeit. Zeigen Sie, dass Sie offen für verschiedene Meinungen sind und im gemeinsamen Austausch Lösungen finden wollen. Wenn beide im Gespräch zustimmend mit dem Kopf nicken können, ist Ihre Botschaft gut.

Schlussendlich, ein perfekter Satz zeichnet sich durch Klarheit und Prägnanz aus. Halten Sie sich an das Motto „keep it short and simple" – versuchen Sie den Kern Ihrer Botschaft in einem Satz zu erfassen. Je einfacher und unmissverständlicher Ihre Botschaft ist, desto wahrscheinlicher wird sie verankert. Die Regeln für Ihre Argumente aus dem vorherigen Kapitel gelten auch für ihre Botschaft.

Vorbereitung ist wichtig

Die Entwicklung einer wirkungsvollen Botschaft erfolgt natürlich selten spontan im laufenden Gespräch. Eine gewisse Vorbereitung ist dementsprechend notwendig. (Mit etwas Übung werden Sie aber auch spontan Botschaften entwickeln können. Je öfter Sie dieses System nutzen, desto schneller werden Sie Ihre Lieblingssätze parat haben.) Die perfekte Botschaft erfordert Vorbereitung und kontinuierliches Üben.

Aus ihren bisherigen Erfahrungen werden Sie sicherlich ein paar gute Aussagen schon im Kopf haben. Kennt man die Gesprächspartner und die emotional aufgeladenen Themen, ist die Vorbereitung umso einfacher. Feilen Sie trotzdem an ihren Sätzen. Rücken Sie in den Fokus, welche Themen in früheren hitzigen Diskussionen aufgekommen sind und wie argumentiert wurde.

In angespannten Situationen sollten Sie sich nicht zu viele Gedanken machen, da Ihr Gegenüber Ihnen wahrscheinlich ohnehin nicht zuhört. Dennoch, mit etwas Glück, können Sie etwas platzieren, was hängenbleiben. Konzentrieren Sie sich darauf.

Beispiele

Im Folgenden ein paar einfache Botschaften zu verschiedenen Themen, die in Diskussionen mit Populisten immer wieder auftauchen. Sie können diese so wie sie sind nutzen, oder nach Ihren Wünschen umformulieren.

„Es gibt aus guten Gründen internationale Regeln, an die sich Staaten halten müssen." (Kriegsgründe)

„Kondensstreifen am Himmel entstehen durch die Abgase von Flugzeugen, über Flughäfen kann man das bei schönem Wetter sehr gut beobachten." (Chemtrails)

„Gemischte Teams erzielen bessere Ergebnisse, deshalb sollten Frauen auch in Führungspositionen sein." (Quotenregelung)

„Der Klimawandel ist Realität, schau aus dem Fenster." (Erklärt sich von selbst)

„Ich esse gerne vegetarisch, mir geht es besser damit." (Ernährung)

„Wir sollten alle Menschen nach den gleichen Maßstäben beurteilen. Das zeigt uns die historische Erfahrung." (Ausländer)

„Politik basiert auf Transparenz und Fakten. Wir müssen Emotionen und leichtfertige Meinung aus unseren Debatten raushalten." (Politik allgemein)

Sollte ein Thema aufkommen, auf das Sie nicht vorbereitet sind, oder wenn Sie überrascht werden, nutzen Sie allgemeine Botschaften. Je allgemeiner, desto öfter können Sie diese anwenden. Auch hier ein paar Beispiele als Anregung:

„Es ist wichtig, offen für neue Ideen zu sein. Veränderungen bieten Chancen für Wachstum."

„Wir alle teilen grundlegende Werte wie Respekt und Fairness. Lasst uns auf den Werten aufbauen, die uns alle verbinden."

„Wir können aus der Vergangenheit lernen, um die Zukunft zu verbessern."

„Gegenseitiges Vertrauen ist der Schlüssel zu erfolgreichen Beziehungen. Lassen Sie uns zusammen überlegen, was wir tun können"

„Wir alle tragen Verantwortung für die Gemeinschaft. Zusammen werden wir eine Lösung finden."

Auf der Bühne oder im beruflichen Umfeld können die Botschaften etwas „gehobener" klingen. Hier müssen Sie sich die Zeit nehmen und diese im Detail vorbereiten:

Inklusion und Zusammenarbeit: „Statt ‚Wir gegen sie' streben wir Zusammenarbeit und Inklusion an, um gemeinsam Lösungen für die Herausforderungen unserer Gesellschaft zu finden."

Komplexe Probleme erfordern durchdachte Lösungen: „Wir erkennen an, dass viele Probleme komplex sind und benötigen durchdachte, fundierte Lösungen, die die Vielschichtigkeit berücksichtigen."

Für eine offene Gesellschaft: „Wir setzen uns für eine offene und tolerante Gesellschaft ein, die Vielfalt schätzt und auf den Prinzipien der Gerechtigkeit basiert."

Die Zukunft gestalten, statt die Vergangenheit idealisieren: „Unsere Vision ist es, die Zukunft zu gestalten, indem wir aus der Vergangenheit lernen, anstatt sie zu idealisieren."

Globaler Zusammenhalt: „Wir glauben an den globalen Zusammenhalt und die Zusammenarbeit zwischen Nationen, um gemeinsame Herausforderungen anzugehen."

Migration als Chance: „Migration kann eine Bereicherung für unsere Gesellschaft sein. Wir setzen auf eine humane und faire Einwanderungspolitik."

Stärkung von Bildung und Aufklärung: „Bildung und Aufklärung sind Schlüssel für eine informierte Gesellschaft. Wir investieren in die Stärkung dieser Grundpfeiler für alle."

Gerechtigkeit durch Rechtsstaatlichkeit: „Wir setzen auf Rechtsstaatlichkeit, um für Gerechtigkeit und Fairness in unserer Gesellschaft zu sorgen."

Partizipation und Demokratie: „Die Stimme jedes Einzelnen ist wichtig. Wir setzen uns für eine aktive Partizipation und eine starke Demokratie ein."

Hinweis: Im nächsten Kapitel finden Sie noch mehr Beispiele.

Wiederholen Sie Ihre Botschaft so oft es geht.

Indem Sie Ihre Botschaft immer wieder nutzen, wird er bei Ihrem Gesprächspartner auch im Gedächtnis hängen bleiben. So funktioniert Werbung, durch dauernde Wiederholung glauben wir irgendwann, dass Persil weißer wäscht als andere Waschmittel, FruchtZwerge gesund für Kinder sind und Profifußballer Nutella zum Frühstück essen. In Gesprächen mit Populisten sollten Sie Ihre Botschaft immer mal wieder einflechten. Denken Sie daran, dass die Verankerung einer Botschaft Zeit und Geduld erfordern kann. Jeder Mensch ist unterschiedlich, und die Art und Weise, wie Informationen verarbeitet und verankert werden, variiert. Man spricht nicht umsonst davon, dass eine Aussage sieben Mal wiederholt werden muss, bis Sie bei Ihrem Gegenüber verankert ist (Bei kleinen Kindern reden wir eher von 70 Mal). Seien Sie also geduldig und beharrlich, wenn Sie sicherstellen möchten, dass Ihre Botschaft in Erinnerung bleibt.

Bonus für Profis: Verbinden Sie ihre Botschaft mit einer Geschichte

Gute Geschichten bleiben im Gedächtnis hängen. Versuchen sie nicht Fakten zu vermitteln, sondern versuchen sie eine gute Geschichte zu erzählen. Beispielsweise können Sie im Zusammenhang mit veganer Ernährung die Geschichte eines Spitzensportlers verwenden, der sich vegan ernährt, oder im Kontext von Ausländern die Geschichte eines ausländischen Kollegen, der Ihnen geholfen hat. Für praktisch jedes Thema können Sie im Voraus eine passende Geschichte entwickeln. Dies ist der Kern des sogenannten Storytellings.

Storytelling ist die Kunst des Geschichtenerzählens, die seit Menschengedenken eine wichtige Rolle in der menschlichen Kommunikation spielt. Es handelt sich um eine Technik, bei der Geschichten genutzt werden, um Informationen, Botschaften, Emotionen und Erfahrungen auf fesselnde und ansprechende Weise zu vermitteln. Storytelling geht über die schlichte Präsentation von Fakten hinaus und schafft eine Verbindung zwischen dem Erzähler und dem Publikum. Die Grundlagen umfassen:

- Narrative Struktur: Jede Geschichte folgt einer bestimmten Struktur, typischerweise bestehend aus Anfang, Mitte und Ende. Dabei wird eine Situation eingeführt, ein Konflikt präsentiert und schließlich aufgelöst. Diese Struktur hilft, die Aufmerksamkeit des Publikums zu fesseln.
- Emotionen und Empathie: Geschichten haben die Fähigkeit, Emotionen zu wecken und Empathie für die Charaktere oder Situationen zu fördern. Menschen erinnern sich besser an Geschichten, die sie emotional berührt haben.
- Visualisierung: Geschichten erlauben es den Zuhörern, sich Bilder und Szenen vorzustellen. Dadurch werden Informationen leichter verständlich und einprägsamer.

Das Schöne an Geschichten ist, dass sie nicht nur auf vermeintliche Fakten abzielen, sondern die Emotionen Ihres Gegenübers ansprechen. Und Emotionen bleiben eher im Gedächtnis haften als Fakten. Wenn Sie es schaffen, Ihre Botschaft in einer ansprechenden Geschichte zu „verpacken“, habe Sie eine deutliche höhere Chance, dass sich Ihr Gegenüber später daran erinnern wird. Und noch ein Nebeneffekt: Sie können mit einer guten Geschichte auch die Gesprächshoheit wiedererlangen, da Ihr Gesprächspartner oft wissen möchte, wie die Geschichte ausgeht. Wenn Sie nun beginnen möchten, eigene Geschichten zu erzählen, sollten Sie die folgenden Punkte beachten:

Erzählen Sie knapp und prägnant: Versuchen Sie, Ihre Geschichte in wenigen Sätzen zu beschreiben. In der Kürze liegt die Würze.

Setzen Sie eine klare Botschaft: Bevor Sie mit dem Geschichtenerzählen beginnen, sollten Sie genau wissen, welche Botschaft Sie vermitteln möchten und welches Ziel Sie verfolgen.

Wählen Sie die passende Geschichte: Erzählen Sie eine Geschichte, die zu Ihnen persönlich passt oder die Sie möglicherweise selbst erlebt haben.

Erschaffen Sie lebendige Charaktere: Wenn Ihre Geschichte von anderen Personen handelt, verleihen Sie ihnen individuelle Merkmale, um die Identifikation zu erleichtern.

Nutzen Sie die narrative Struktur: Gliedern Sie Ihre Geschichte in einen klaren Anfang, eine sich entwickelnde Mitte und ein zufriedenstellendes Ende.

Wecken Sie Emotionen: Versuchen Sie, Emotionen in Ihrer Geschichte hervorzurufen, indem Sie zeigen, wie die Charaktere sich fühlen, wenn sie auf bestimmte Herausforderungen stoßen.

Anregung von Visualisierung: Verwenden Sie lebhafte und bildhafte Sprache, um beim Publikum mentale Bilder und Szenen entstehen zu lassen.

Diese Punkte bieten eine nützliche Vorlage, die jedoch nicht starr befolgt werden muss. Ihr Hauptziel ist es, durch gut erzählte, kurze Geschichten in der Erinnerung Ihres Gesprächspartners etwas zu hinterlassen. Das Schöne daran ist, dass Sie in der Regel nicht viele Geschichten benötigen, da bestimmte Themen immer wieder auftauchen.

➡ Ein paar Beispiele für gute Geschichten

Politik ist kompliziert. Wenn drei Leute überlegen, in welche Kneipe es geht, dann gibt es mindestens 20 Minuten Diskussion. Wenn aber 80 Mio. Menschen in Deutschland überlegen, in welche Kneipe es gehen soll, dann können die Diskussionen halt etwas länger dauern.

Ich bin für die Sicherheit aller Verkehrsteilnehmer. Meine Tochter musste auf dem Weg zur Schule auf der Straße laufen, weil die Autos den Gehweg zuparkten. Im Interesse aller Verkehrsteilnehmer finde ich es deshalb in Ordnung, wenn hier zwei Parkplätze wegfallen, damit Laura mit ihren 11 Jahren und Horst mit seinen 70 Jahren sicher über die Straße kommen.

„Unser Verhalten der Klimakrise gegenüber ist, wie wach zu werden mit voller Blase. Du weißt genau, was zu tun ist. Du weißt auch, es wird von allein nicht besser. Im Gegenteil. Aber schlau, wie wir sind, glauben wir allen Ernstes, wenn wir die Augen ganz fest zudrücken, löst sich das Problem von allein. Tut es nicht." Eckhart von Hirschhausen[15]

In normalen Gesprächssituationen reicht es, wenn Sie Ihre Botschaft anbringen können. Populistische Themen oder Ansichten sind bei den meisten Menschen nicht fest verankert (Regel Nr. 8: „Wir müssen der Mehrheit sagen, dass sie die Mehrheit ist"). Auch wenn überraschend jemand einen Spruch fallen lässt, sind Sie mit einer allgemeinen Botschaft auf der sicheren Seite.

Für emotional geführte Gespräche (Familienkreis zu Weihnachten), oder für Gespräche mit richtigen Populisten (Bühne mit Publikum) benötigen Sie hingegen ein System, mit dem sie in diesen Diskussionen bestehen und Ihre Botschaft verankern können.

5. Es wird emotional – Sie agieren mit System

Auch den hartnäckigsten Populisten können Sie widersprechen, wenn Sie ein System haben. An diesem System können sie sich festhalten, selbst wenn die Emotionen hochkochen.

Gespräche mit Populisten sind anspruchsvoll. Sich dabei auf Argumentationsregeln zu fokussieren, ist beinahe unmöglich (siehe Kasten). Und wie bereits mehrfach unterstrichen, spielt die Argumentation eine untergeordnete Rolle. In der Praxis ist es ratsamer, sich auf ein schlichtes Muster zu konzentrieren, dieses jedoch konsequent beizubehalten.

„Das Widerlegen von Schwachsinn erfordert eine Zehnerpotenz mehr Energie als dessen Produktion.“

Brandolini-Gesetz, benannt nach dem gleichnamigen italienischen Informatiker.[16]

Aus diesem Grund wurde die „Triple-A-Methode“ entwickelt. (Leser des Buches „Fake News – moderne Lügen entlarven und entspannt reagieren“ kennen sie bereits. Sie wurde dort erstmals vorgestellt. Hier wird eine Kurzfassung verwendet.)[17] Das Fundament dieser Methode beruht auf einer simplen Dreierregel, die nicht nur leicht zu merken ist, sondern sich auch effektiv in der Praxis anwenden lässt.

➲ Warum eine Dreier- Regel?

Drei Punkte sind für jeden leicht zu behalten, die einfachsten Dinge kommen oft in Form eines Dreiteilers vor. Nicht umsonst bestehen viele Werbeslogans aus drei Worten wie „Vorsprung durch Technik“, „Freude am Fahren“ oder das altbekannte und fast 2000 Jahre alte Beispiel der Eigenwerbung von Julius Caesar: „Veni, vidi, vici“ (für alle Nicht-Lateiner: „Ich kam, sah und siegte“). Dieser Ausspruch Cäsars hat die Zeiten überdauert.

Daher basiert auch die hier vorgestellte Methode auf einem simplen Dreiklang:

1. Zuerst präsentieren Sie Ihre Botschaft oder Aussage, die Sie bei Ihrem Gesprächspartner verankern wollen.

2. Dann vermitteln Sie Anerkennung und Verständnis für die Position Ihres Gegenübers.
3. Erst im letzten Schritt liefern Sie ein Argument für Ihren Standpunkt.

An diesem Dreiklang halten Sie sich im Gespräch konsequent fest. Jedes Mal, wenn Sie zu Wort kommen, verwenden Sie erneut denselben Ablauf.

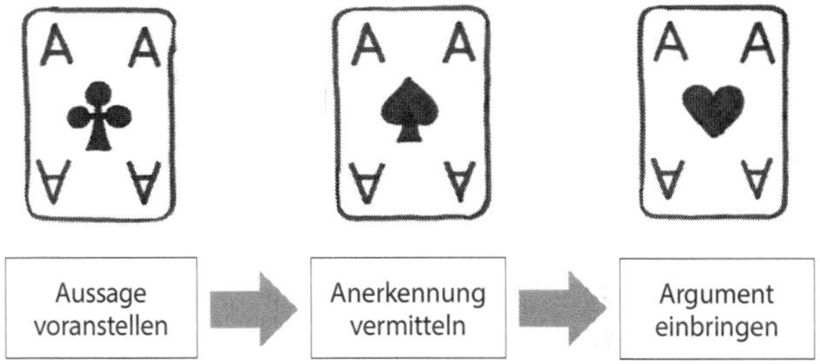

Das System ist eine einfache Methode, um selbst in äußerst schwierigen Gesprächen Ruhe zu bewahren. Die Regeln helfen nicht nur in der Argumentation, sondern dienen auch dazu, einen stabilen inneren Kompass als Stütze zu haben. Es ist eine Art Krücke, an der Sie sich in heiklen Situationen festhalten können.

Die Methode wurde vielfach erprobt und funktioniert in allen Gesprächssituationen, im direkten Gespräch, an Infoständen, in größeren Gruppen oder auch auf der Bühne vor Publikum. Sie wurde auf verschiedenen Kommunikationsseminaren verfeinert und mit den TeilnehmerInnen weiterentwickelt. Allerdings ist sie kein Zauberstab. Seien Sie nicht überrascht, wenn Sie an Grenzen stoßen. Das gehört manchmal einfach dazu. Wenn Sie jedoch mit System in Gespräche gehen, stehen die Chancen gut, zu einem guten Ende zu gelangen (oder wenigstens gut aus der Situation zu kommen …). Im Folgenden wird die Methode im Detail vorgestellt.

Es gibt eine Vielzahl von Regeln, um in einer Argumentation als Sieger hervorzugehen. Häufig werden die sogenannten Fünf-Satz Regeln vermittelt, von denen es auch noch verschiedene Unterformen gibt. Da gibt es die Standpunktformel, den dialektischen Fünfsatz, die Kompromissformel, Problemlösungsformel ... Die Regeln sind recht kompliziert und dienen eher für Redner, die auf einer Bühne stehen und sich auf ihren Einsatz vorbereiten können. Es ist nie verkehrt sich mit diesen Regeln und deren Hintergründe zu beschäftigen. Sie können solche Muster auch in die Triple-A Regel einfügen.

Die Triple A-Methode

➲ Schritt 1: Aussage voranstellen

Das Ziel dieses Systems besteht darin, beim Gesprächspartner eine klare Botschaft zu verankern (siehe vorheriges Kapitel). Indem Sie diese Botschaft als allerersten Satz präsentieren, maximieren Sie die Wahrscheinlichkeit, dass sie im Gedächtnis Ihres Gegenübers hängen bleibt. Zu Beginn des Gesprächs senden Sie deshalb Ihre Botschaft (hier aus (Kern-)Aussage genannt).

Unterdrücken Sie dafür Ihren Impuls, sofort mit einem Gegenargument zu reagieren. Sie dürfen nicht direkt auf die Aussage Ihres Gegenübers reagieren. Dies ist gar nicht so einfach. Wir wollen automatisch im Gespräch bleiben und sind es gewohnt, direkt zu antworten. Nur nützt dies bei Populisten wenig, siehe Grundregel Nr. 3.

Versuchen Sie, Ihre Botschaft als Aussage entspannt und ohne jeden Zweifel vorzutragen. Lassen Sie Ihrem Gegenüber keinen Raum, sie in Frage zu stellen. Ob dies tatsächlich der Fall ist, spielt zu diesem Zeitpunkt keine Rolle. Beispiele für gute Botschaften haben Sie bereits im vorherigen Kapitel erhalten. Mit einer klaren und prägnanten Aussage haben Sie zudem die Möglichkeit, die Initiative zu übernehmen. Nicht Sie reagieren auf Ihr Gegenüber, sondern es muss auf Sie reagieren. Dies gilt besonders, wenn Sie die Botschaft im Verlauf des Gesprächs wiederholt senden.

Merkregel: Diskutieren Sie nicht über Ihre Aussage; sie ist einfach wahr!

Die Kernbotschaft hat einen weiteren Effekt: Sie verschafft Ihnen Zeit. Wie im dritten Kapitel beschrieben, ist es entscheidend, Ihre Emotionen im Griff zu behalten. Der Schlüssel dazu ist, Zeit zu gewinnen. Indem Sie Ihre Kernbotschaft stur wiederholen, gewinnen Sie Zeit, um Ärger und Wut zu kontrollieren. Unabhängig davon, wie das Argument, der Angriff oder die Frage Ihres Gegenübers lautet, wiederholen Sie zuerst Ihre Kernbotschaft. Dies gibt Ihnen Raum zum Nachdenken.

Ihre Hausaufgabe: Sehen Sie sich Interviews mit Experten aus Politik und Wirtschaft im Fernsehen an. Diese reagieren nie direkt auf die Frage, sondern versuchen stets, zuerst ihre Botschaft zu platzieren. Ob sie danach überhaupt noch auf die Frage antworten, ist letztlich nebensächlich. Oftmals verliert das Gegenüber schon nach den ersten Sätzen den Überblick.

➲ Schritt 2: Anerkennung vermitteln

Im zweiten Schritt signalisieren Sie Verständnis für Ihren Gesprächspartner. Dies ist ein simpler und altbewährter Trick, um eine Verbindung herzustellen. Es liegt in unserer Natur, instinktiv eine gemeinsame Basis mit anderen Menschen zu suchen. Der berühmte Staubsaugervertreter wendet nichts anderes an, wenn er in Ihre Wohnung kommt und beiläufig bemerkt: „Schicke Topfpflanze. Ich habe die selbst auch, aber bei mir wächst sie einfach nicht."[18] Auf diese Weise entsteht eine Gemeinsamkeit, und der Kunde ist offener für den Kauf des Produkts. Ein paar Beispiele für verbindende Aussagen:

> „Ich kann gut nachvollziehen, wie man auf diese Sichtweise kommen kann."
>
> „Das ist auch wirklich ein schwieriges Thema."
>
> „Die Welt ist kompliziert, ich verstehe das gut."
>
> „Dazu sind ja viele Artikel erschienen, ich selbst habe mich auch schon gefragt, warum das Thema immer wieder hochkocht."
>
> „Mit diesem Thema habe ich mich auch schon oft beschäftigt, es gibt hier viele schwierige Punkte."

Auch hier können Sie sich wieder einen oder mehrere Lieblingssätze vorab zusammenstellen. Wahrscheinlich werden Sie sowieso schon eigene Phrasen (im positiven Sinne) haben, die Sie gerne verwenden. Welche Sie nutzen, ist erst einmal völlig unwichtig. Wichtig ist nur, dass Sie zeigen, dass Sie Ihren Gegenüber ernst nehmen. Denn jeder Mensch möchte zuerst einmal anerkannt werden (Grundregel Nr. 1: „Sie haben es mit Menschen zu tun"). Und besonders bei den NONIs ist es entscheidend, deren Emotionen und Ängste anzuerkennen. Denken Sie daran, dass diese Menschen schon viel Widerspruch erfahren haben. Sie sind schließlich nicht der Einzige, der gegen deren Ansichten argumentiert.

Versuchen Sie, Ihre Anerkennung dabei authentisch klingen zu lassen, sofern Sie nicht sowieso allen Menschen mit offenem Herzen begegnen. Menschen haben feine Sensoren für Echtheit, und es ist wichtig, dass Ihr Gegenüber spürt, dass Sie es ernst meinen (und nicht nur versuchen, etwas zu verkaufen).

Merksatz: „Ich nehme Dich ernst, Du bist mir wichtig, ich höre Dir zu."

Zusätzlich können Sie noch versuchen, ihre Körpersprache einzusetzen. Ein Ansatz aus der Kommunikationstheorie ist, eine gemeinsame Basis herzustellen, indem Sie während eines Gesprächs Ihre Körperhaltung mit der Ihres Gesprächspartners synchronisieren. Untersuchungen haben herausgefunden, dass Flirtversuche in Bars eine höhere Aussicht auf Erfolg haben, wenn die Paare zeitgleich handeln, das heißt zur gleichen Zeit lachen, zeitgleich ihr Getränk trinken, gleichzeitig in die Schüssel mit den Erdnüssen greifen etc. Das nennt man in der Psychologie „spiegeln“[19]: Ich spiegle die Aktionen meines Partners, um eine Gemeinsamkeit herzustellen. In der Regel geschieht dies unbewusst, Sie können aber diese Methode bewusst einsetzen. Einfach mal im Freundeskreis ausprobieren.

Und vielleicht zum Abschluss noch das wichtigste Argument für eine Anerkennung ihres Gegenübers: Es kostet Sie nichts. Es ist einfach eine nette Geste und in unserer heutigen Zeit kann es davon nicht genug geben.

Schritt 3: Argumente einbringen

Zahlen, Daten und Fakten bilden das Fundament jeder Diskussion. Im Umgang mit populistischen Argumenten wird jedoch oft deutlich, dass selbst grundlegende Zahlen oder Quellen umstritten sind. Damit fehlt natürlich jegliche Gesprächsgrundlage. Trotzdem beruht jedes Gespräch auf dem Austausch von Informationen.

Lassen Sie sich nicht unter Druck setzen. Es gibt nicht das eine Killerargument, mit dem Sie Ihr Gegenüber überzeugen können. Sie müssen sich auch nicht an Studien erinnern können, die Sie zitieren können. Vielmehr geht es hier um einfache, klare, prägnante Aussagen. Ähnlich wie bei Ihrer Botschaft, nur dass Sie hier konkreter werden und wenn möglich, mit Zahlen, Daten oder Fakten argumentieren. Bleiben Sie in der Argumentation knapp und vor allem sachlich. Vermeiden Sie eine emotionale Argumentation. Idealerweise können Sie Fakten liefern, die eingängig sind und beim Zuhörer haften bleiben.

Dafür müssen Sie sich im Vorfeld, soweit möglich, mit der jeweiligen Thematik beschäftigen haben (Regel Nr. 9: „Auf schwierige Gespräche muss man sich vorbereiten“). Dieser Vorbereitungsaufwand ist in der Regel weniger zeitaufwändig, als es zunächst erscheinen mag. Für die meisten populistischen Argumente sind Gegenargumente leicht zu finden. Oft genügt eine kurze Recherche im Internet nach den Stichpunkten. Zahlreiche Verbände und Medien bieten zudem Faktenfinder an, die zu verschiedenen aktuellen Themen die passenden Daten und Einordnungen liefern (zum Beispiel der ARD Faktenfinder oder der Faktencheck von CORRECTIV[20]).

Bei den gängigen Themen dürften Sie mit Sicherheit ein paar gute Argumente parat haben. Bei überraschenden oder neuen Themen oder Argumenten ist dies schwieriger. Hören Sie dann erstmal aufmerksam zu. Nutzen Sie Fragen (wie im vorherigen Kapitel besprochen), um sich Klarheit über Ihr Gegenüber und ausreichend Zeit zu verschaffen. Konzentrieren Sie sich auf die Vermittlung Ihrer Botschaft. Dann haben Sie auch Zeit, Ihre Argumente zu sortieren und entspannt zu reagieren.

> A: „Der Klimawandel ist gar nicht schlimm. Ich bin über 60 und habe schon die Panik um Waldsterben und Ozonloch erlebt. Auch das hier wird vorübergehen."
>
> B: „Ähhhh"

Eine letzte Regel noch zu diesem Punkt: „Der Köder muss dem Fisch schmecken, nicht dem Angler“. Präsentieren Sie Ihre Argumente so, dass sie Ihren Gesprächspartner überzeugen, nicht sich selbst. Nutzen Sie dafür die ICE Methode aus dem vorherigen Kapitel. Wenn Sie wissen, wie Ihr Gegenüber tickt, dann sind auch die richtigen Argumente schnell zur Hand.

Und weiter?

Am schönsten wäre sicherlich, wenn Ihr Gesprächspartner nun einlenken und sagen würde: „Sie haben Recht.“ Leider ist dies sehr unwahrscheinlich. In aller Regel werden Sie auf Widerstand stoßen. Bereiten Sie sich auf längere Gespräche vor. Aber genau das wollen Sie ja auch! „Wir müssen miteinander ins Gespräch kommen und Menschen mit populistischen Ansichten überzeugt man nicht mit einem Satz.“ Sie können es sich in solchen Gesprächen aber einfach machen. Sie wiederholen bei jeder Antwort ihr Muster.

1. Beginnen Sie mit Ihrer Aussage (platzieren Sie Ihre Botschaft zuerst),
2. Signalisieren Sie im Anschluss Wohlwollen gegenüber Ihrem Gegenüber (zeigen Sie Akzeptanz),
3. Erst dann steigen Sie in das eigentliche Gespräch ein und bringen Ihre Argumente vor.

Wichtig ist, dass Sie Ihre Kernaussage beibehalten. Je öfter Sie diese wiederholen können, desto besser bleibt sie bei Ihrem Gesprächspartner hängen. In Bezug auf die Akzeptanz können Sie den ersten Satz wiederholen oder einen anderen wählen – in dieser Situation ist das vollkommen unerheblich. Hingegen sollten Sie bei den Argumenten in jeder Runde ein neues einfließen lassen (insgesamt drei verschiedene Argumente reichen aber). Sie brauchen dabei nicht mal auf die Aussage Ihres Gegenübers reagieren, da dieser Ihnen ohnehin nicht wirklich zuhört, sondern bereits mit seiner Antwort beschäftigt ist.

Halten Sie diese Strategie so lange durch, wie Sie sich damit wohlfühlen. Mindestens drei Runden sollten Sie schaffen, was bedeutet, dass Sie Ihre Kernbotschaft dreimal geschickt in das Gespräch einfließen lassen können. Machen Sie damit weiter, solange es für Sie stimmig ist. Es ist möglich, Populisten auf diese Weise effektiv ins Leere laufen zu lassen. Wenn die Methode erkannt wird „Sie sagen doch immer das Gleiche“, reagieren Sie mit Humor „Aber Sie doch auch …“.

Ein Beispiel für eine Argumentation mit der Triple-A-Regel

Gesprächspartner (Populist): „Die Einwanderung ist das größte Problem in unserem Land. Wir müssen endlich härtere Maßnahmen ergreifen!"

Sie (Triple-A Methode): „Wir sind ein Einwanderungsland und ich bin glücklich, dass wir alle das erkannt haben. Nun verstehe ich, dass Einwanderung für viele wichtiger Punkt ist, wir müssen sicherstellen, dass unsere Gesellschaft harmonisch bleibt. Gleichzeitig denke ich, dass Vielfalt auch Vorteile bietet. Ich finde es toll, dass ich bei mir um die Ecke Indisch essen kann."

Gesprächspartner (Populist): „Das sind alles bloße Ausreden! Unsere Kultur geht verloren, und die Arbeitsplätze werden weggenommen!"

Sie (Triple-A Methode): „Wie gesagt, wir sind ein Einwanderungsland und das ist auch gut so. Ich schätze Ihre Bedenken, das sind wichtige Anliegen. In Bezug auf Arbeitsplätze gibt es genug Studien, die zeigen, dass Einwanderer dazu beitragen, neue Arbeitsmöglichkeiten zu schaffen. Wir brauchen angesichts des Fachkräftemangels neue Leute."

Gesprächspartner (Populist): „Studien sagen mir nichts! Ich weiß, was hier vor sich geht, und das ist nicht gut!"

Sie (Triple-A Methode): „Als Einwanderungsland müssen wir die Vorteile sehen. Ich respektiere Ihre Sichtweise und sehe, dass Sie sich wirklich um die Situation sorgen. Neben den Studien gibt es jedoch auch konkrete Beispiele, wie Staaten von Einwanderung profitiert haben, indem sie kulturell vielfältiger und wirtschaftlich stärker wurden."

Und so weiter und so fort … An diesem Beispiel können Sie sehr schön sehen, dass Geduld gefragt ist. Nehmen Sie sich die Zeit und denken Sie daran: Sie können es besser als Ihr Gegenüber! Mit Ihrem System haben Sie eine Richtschnur, an die Sie sich in schwierigen Situationen halten können. Befolgen Sie das System genauso wie beschrieben. Es wird Ihnen helfen, ruhig und gelassen auch den größten Schwachsinn zu ertragen.

Nutzen Sie die KI

Mit einer Sprach-KI (die erste war Chat GPT) können Sie sich auf verschiedene Themen vorbereiten. Lassen Sie sich einen Fahrplan für Ihr nächstes Gespräch erstellen. Geben Sie die Tripple-A-Regel in den Generator ein und lassen sich fiktive Gespräche beschreiben. Dann sind Sie fürs nächste Mal gut vorbereitet. Im Folgenden sind einige Beispiele, die die KI erarbeitet hat:

Wir gegen sie: „Statt uns zu spalten, sollten wir nach Gemeinsamkeiten suchen, die uns als Gesellschaft stärken. Es ist verständlich, dass es unterschiedliche Perspektiven gibt, und es ist wichtig, diese zu respektieren. Lasst uns konstruktiv über die besten Wege diskutieren, um die Herausforderungen anzugehen, die uns alle betreffen."

Für unsere Wirtschaftsprobleme gibt es eine einfache Lösung: „Wir alle wollen effektive Lösungen. Manchmal erfordern komplexe Probleme jedoch differenzierte Ansätze. Es ist verständlich, dass einfache Lösungen ansprechend wirken, aber es ist wichtig, die Tiefe der Herausforderungen zu verstehen. Lassen Sie uns gemeinsam an umfassenden Lösungen arbeiten, die nachhaltig positive Veränderungen bewirken können."

Der Klimawandel ist gar nicht so schlimm: „Es gibt zahlreiche wissenschaftliche Erkenntnisse, die auf die Ernsthaftigkeit des Klimawandels hinweisen. Ich respektiere, dass die Auswirkungen nicht für jeden sofort spürbar sind. Nachhaltige Lösungen bieten Chancen, die Lebensqualität aller zu verbessern. Gemeinsam können wir positive Veränderungen bewirken."

Kriminelle Ausländer muss man sofort abschieben: „Wir wollen Kriminalität bekämpfen, aber wir müssen fair bleiben und nicht alle über einen Kamm scheren. Sicherheit ist wichtig, und ich verstehe, dass viele Menschen besorgt sind. Es gibt bessere Wege, mit Kriminalität umzugehen, wie effektivere Strafverfolgung und Resozialisierung."

Die da oben haben doch keine Ahnung: „Es gibt unterschiedliche Meinungen, aber wir sollten bedenken, dass Entscheidungsträger oft auf gute Informationen zugreifen können. Es ist normal, wenn man nicht immer allen Politikern vertraut. Trotzdem können konstruktive Gespräche uns helfen, bessere Lösungen zu finden."

Früher war alles besser: „Es ist okay, sich nach alten Zeiten zu sehnen, aber wir müssen auch die positiven Veränderungen von heute sehen. Ich verstehe, dass es früher auch gute Dinge gab. Lasst uns die guten Aspekte von heute nutzen, um eine noch bessere Zukunft zu gestalten."

Grenzen

Es gibt Situationen, wo Kommunikation keine Lösung ist. Denn Kommunikation ist ein Prozess, zu dem zwei Personen gehören. Verweigert sich eine Person, dann sind Grenzen erreicht.

Populistische Bewegungen haben auch etwas von einer Sekte. Manche Menschen geraten in den Strudel und kommen dann nicht mehr heraus. Erkennen Sie Ihre eigenen Grenzen (Regel Nr. 7: „Sie müssen nicht immer was tun"). Aber geben Sie nicht auf, wenn die Person, die Ihnen gegenübersitzt, Ihnen etwas bedeutet. Nehmen Sie den Kampf auf.

Der Samurai Miyamoto Musashi sagte: „Man gehe aufrecht, weder mit gesenktem, noch mit zum Himmel gestrecktem Kopf … Man senke die Schultern, strecke das Rückgrat, kneife das Gesäß zusammen, spanne Beine und Bauch an, damit man nicht in der Hüfte nach vorn knickt" Eine gute Haltung hilft, im Kampf zu bestehen.[21]

Fazit

Ein Fazit an dieser Stelle ist eigentlich ganz einfach: Üben, üben, üben. Den vorgestellten Ablauf müssen Sie verinnerlichen, als verlässliche Stütze und Leitfaden. Denken Sie an Situationen, die Sie bereits erlebt haben. Wie können diese mit der Triple-A-Regel gelöst werden? Betrachten Sie dann, bei welchen künftigen Gelegenheiten Sie höchstwahrscheinlich erneut auf das Thema stoßen werden. Meist ist das ganz einfach, da es häufig dieselben Personen sind, die in solchen Diskussionen involviert sind. Im dritten Schritt können Sie sich nun mittels der Dreierregel das bevorstehende Gespräch mental ausmalen. Je öfter Sie sich vorstellen, wie ein ideales Gespräch verlaufen könnte, desto müheloser wird es Ihnen fallen, die Regeln auch in der realen Kommunikation umzusetzen.

Um Ihre Fertigkeiten zu üben, können Sie die Regeln auch im Alltag mit simplen Themen ausprobieren: „In welches Restaurant gehen wir heute?", „Was möchten wir heute Abend essen?", „Fahren wir zu meinen oder deinen Eltern?". Wenn Ihr Partner oder Ihre Partnerin verwundert schaut, können Sie immer noch den Sinn Ihrer Gesprächsführung erklären.

Freuen Sie sich über jeden Erfolg. Jedes Gespräch, welches Sie mit einem positiven Gefühl abschließen können, ist ein Triumph. Und früher oder später werden Sie den Satz hören: „Ich habe nochmal darüber nachgedacht, du hattest recht mit dem, was du gesagt hattest." Dann machen Sie ein wohlverdientes Kreuz in Ihren Kalender!

„Irgendwann wäre ich bereit, eine nachdenkliche Diskussion über die aktuelle Krise zu führen. Das kann ich nicht in ein, zwei schnellen Sätzen beantworten. Jetzt würde ich es gerne dabei belassen und bitte um Ihr Verständnis für meine Zurückhaltung"

Der Physiker Ed Witten gilt als einer der schlausten Menschen der Welt. Er antwortet (zufällig mit der Tripel-A-Methode) auf die Interviewfrage eines Reporters nach einer Einschätzung der aktuellen Krise der amerikanischen Universitäten (in DIE ZEIT, vom 20.12.2023, S. 30).

6. Das Ende – Sie beenden das Gespräch

Irgendwann merkt man, dass es einfach nicht mehr weitergeht. Entweder man hat selber keine Lust mehr, oder das Gespräch dreht sich nur noch im Kreis. Dann ist es Zeit, das Gespräch zu beenden.

A: „Jetzt haben wir schon so lange geredet, lass uns mal Schluss machen."

B: „Ja, Du hast ja recht, aber einen Punkt will ich noch loswerden. Wir haben gar nicht über den Iran und seine Atomwaffen geredet."

A: „Was hat das denn jetzt mit unserem Thema zu tun?"

B: „Siehst Du, Du hast es immer noch nicht verstanden, also …"

Ein Gespräch abzubrechen ist eigentlich eine einfache Übung. Dazu müssen Sie sich nur umdrehen und weggehen. Leider funktioniert das nur in seltenen Fällen und Sie erreichen damit auch nichts. Sie können ein Gespräch aber auch elegant beenden.

Mit dem richtigen Abschluss können Sie einen bleibenden Eindruck hinterlassen. Im wahrsten Sinne des Wortes, denn sie können nochmal Ihre Kernaussage beim Gegenüber verankern und, vielleicht sogar noch wichtiger, einen sympathischen Eindruck hinterlassen. Auch für einen gelungenen Gesprächsausstieg gibt es wieder die richtige Technik als Dreierregel:

Schritt 1: Danke sagen

Ein einfaches Mittel und es tut nicht weh. Nur leider wird es oft vergessen. Dabei reicht ein schlichtes „Danke" in vielen Fällen schon aus, um Anerkennung auszudrücken Um ein Gespräch sinnvoll abzuschließen, ist es deshalb eine der einfachsten Möglichkeiten, mit einem Danke zu beginnen.

„Ich danke Ihnen für das Gespräch."

„Danke. Es hat mich sehr gefreut, mich mit Dir über das Thema zu unterhalten."

„Vielen Dank für die Informationen."

Mit diesen einleitenden Sätzen können Sie auch gleichzeitig signalisieren, dass das Gespräch jetzt zu Ende ist. Entwickeln Sie für sich einen Lieblingssatz. Den können Sie immer wieder gebrauchen und je öfter Sie diesen benutzen, desto klarer und deutlicher werden Sie diesen im Gespräch anwenden können.

Schritt 2: Zusammenfassen

Versuchen Sie, das Gespräch in einen oder zwei Sätzen zusammenzufassen. Meist ist das bei Gesprächen mit Populisten gar nicht so einfach, weil es selten eine logische Abfolge gibt. Es kommt in diesem Schritt aber auch nicht auf Genauigkeit an, schließlich sollen Sie kein Protokoll erstellen. Das Ziel liegt vielmehr darin, zu signalisieren, dass Sie Ihrem Gegenüber zugehört haben. Versuchen Sie eine Gemeinsamkeit zu finden. Sie können diese auch einfach konstruieren, Ihr Gegenüber wird dies in aller Regel nicht bemerken. Beispiele:

> „Wir sind uns einig, dass die hohe Zahl an Flüchtlingen uns vor neue Herausforderungen stellt. Ihrem Argument, dass dies auch eine hohe Kriminalität bedeutet, kann ich persönlich nicht folgen."
>
> „Zur Annexion der Krim durch Russland gibt es sicher viele Meinungen. Wir haben festgestellt, dass es getarnte russische Truppen waren, die das Völkerrecht gebrochen haben. Russland ist in einen souveränen Staat einmarschiert."
>
> „Ob Chemtrails wirklich existieren, haben wir nun nicht herausgefunden. Ich finde dein Argument mit den vielen Kondensstreifen ist kein Beweis."
>
> „Ich finde es interessant, dass Du denkst, den Klimawandel gibt es nicht und dass die Chinesen den nur erfunden haben. Ich persönlich habe meine Meinung aber nicht geändert."

Wichtig ist, dass Sie an dieser Stelle keine neue Diskussionsrunde aufmachen. Fassen Sie das Gespräch kurz zusammen und betonen Sie, dass dies Ihre persönliche Meinung ist. Dies erreichen Sie, indem Sie „Ich-Botschaften" formulieren: „Ich meine …", „Ich habe festgestellt …", „Meine Sichtweise ist …" etc. Mit diesem kleinen Trick können Sie vermeiden, dass Ihr

Gegenüber zum Widerspruch genötigt wird. Falls Ihr Gegenüber widerspricht, können Sie immer noch betonen, dass es Ihre persönliche Meinung war.

Schritt 3: Kernaussage wiederholen

Zum Abschluss müssen Sie noch einmal Ihre Kernaussage formulieren. Damit stellen Sie nochmals Ihren Standpunkt deutlich heraus und signalisieren, dass alle weiteren Diskussionen zu diesem Zeitpunkt keinen Sinn mehr machen. Zeigen Sie, dass Sie von Ihrer Ansicht überzeugt sind und alle Argumente Ihres Gegenübers Sie nicht umstimmen konnten. Dies ist besonders wichtig, um Ihr Gegenüber nicht zu bestärken. Oft stimmen wir nur zu, um endlich Ruhe zu haben. Bei populistischen Menschen ist dies aber kontraproduktiv. Die fühlen sich dann nur bestätigt und lassen Sie noch weniger in Ruhe.

Mit der Kernaussage am Ende verankern Sie deshalb zusätzlich nochmal Ihre Botschaft. Ihr Ziel ist es schließlich, dass Ihr Gesprächspartner diese Aussage „mitnimmt".

„Ich bleibe dabei: Im Grundgesetz steht, alle Menschen sind vor dem Gesetz gleich."

„Wie bereits öfter betont, gibt es aus guten Gründen internationale Regeln. Werden Verträge gebrochen, muss es Sanktionen geben."

„Ich glaube immer noch nicht an die Chemtrail-Verschwörung. Die einfachste Erklärung ist meistens die richtige: Kondensstreifen am Himmel entstehen durch die Abgase von Flugzeugen."

„Der Klimawandel ist Realität, alle relevanten Forscher sind sich da einig und die Auswirkungen spüren wir bereits jetzt."

Wenn Sie Ihren Abschlusssatz formulieren, betonen Sie deutlich den Punkt am Ende des Satzes. Sie können auch einfach „Punkt" sagen. Wichtig ist nur, dass Sie mit Ihrer Stimme signalisieren, dass jetzt Ende ist. Versuchen Sie nicht, noch Sätze anzuhängen (auch wenn Ihnen jetzt noch was Wichtiges einfällt). Dies führt nur dazu, dass das Gespräch noch weitergeht. Sollte Ihr Gegenüber nach Ihren Abschlusssätzen immer noch weiterreden wollen, wiederholen Sie einfach den Ablauf. Bedanken Sie sich, gehen Sie kurz auf die Argumente ein und schließen Sie mit Ihrer Kernaussage.

Wenn alles nichts hilft: Grenzen setzen

Wenn Ihr Gegenüber immer noch nicht auf Ihr Gesprächsende reagiert, müssen Sie deutlicher werden. Populisten wollen gehört werden und sind in der Regel keine einfachen Menschen. Diese Personen sind darin trainiert, mit Ablehnung umzugehen. Da gibt es leider auch sehr hartnäckige Fälle. Hier müssen Sie standhaft bleiben, so unhöflich es auch zu sein scheint. Sagen Sie „Stopp“. Zeigen Sie mit Ihrer Körpersprache deutlich, dass Sie das Gespräch nicht fortsetzen wollen. Nehmen Sie, wenn möglich, einen Abstand zu Ihrem Gesprächspartner ein und zeigen Sie mit Ihren Händen, dass es jetzt genug ist (offene Handflächen zeigen zum Gegenüber). In hartnäckigen Fällen lassen Sie ihr Gegenüber einfach stehen und gehen. Notfalls hilft eine kleine Notlüge: „Ich muss jetzt dringend auf die Toilette/in der Küche helfen/mich mit … treffen“ Fühlen Sie sich nicht schlecht dabei. Manchmal geht es einfach nicht anders.

Gute Sprüche für eine gute Flucht: „Über das Ziel sind wir uns einig, nur die Mittel dahin, da können wir gerne noch mal drüber reden – Aber nicht mehr heute.“ „Es war wirklich schön, mit dir zu sprechen, aber ich muss jetzt weitermachen. Lass uns später wieder reden!“

„Vielschichtiges Thema, leider muss ich mich da erst einmal schlau machen. Wir können unser Gespräch aber gerne später mal fortsetzen.“

„Das ist mir alles noch zu oberflächlich. Geben Sie mir etwas Zeit, ich komme noch mal zu Ihnen.“

Bonus – Populistische Muster und wie Sie reagieren können

Im politischen Diskurs agieren Populisten mit simplen Strategien, um Zustimmung in ihrer Zuhörerschaft zu gewinnen. Dabei greifen Sie auf wiederkehrende Muster zurück. Die Kunst besteht darin, diese Muster zu erkennen, um wirksam reagieren zu können.

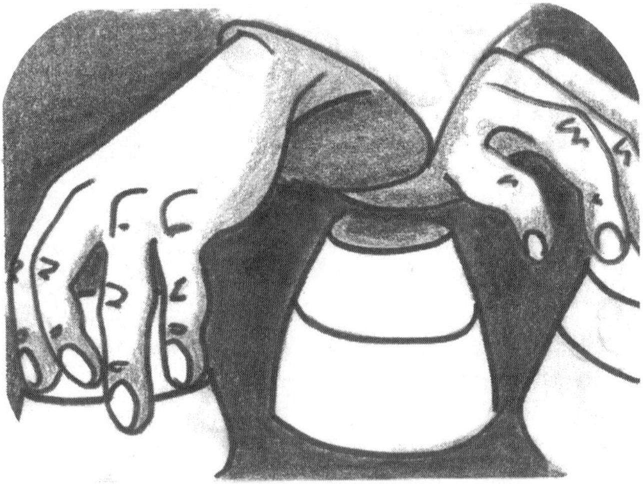

Es existieren zahlreiche „Strategien", mit denen Populisten ihre Zuhörerschaft einfangen. Das Wort „Strategie" ist hier bewusst in Anführungszeichen gesetzt, denn in den meisten Fällen geschieht die Anwendung unbewusst. Nur selten trifft man auf rhetorisch versierte Personen, die Gesprächstechniken bewusst einsetzen – dies ist bei professionellen Populisten allerdings immer der Fall. Wer die Medien routinemäßig als „Lügenpresse" verunglimpft, setzt damit auch nur eine immer wiederkehrende Botschaft. Die allerdings bei einem (kleinen) Teil der Zuhörerschaft hängenbleibt.

Die meisten dieser Techniken lassen sich schnell erkennen, und man kann entsprechend reagieren. Die wichtigsten werden hier in kurzer Form beschrieben. Die meisten werden Sie sicherlich wiedererkennen. In den vorgestellten Reaktionen bildet stets die Triple-A-Methode die Grundlage.

Einfache Lösungen

> „Alle kriminellen Ausländer abschieben. Es kann doch nicht sein, dass die hier ihre Straftaten begehen und dann mit einfachen Strafen abgespeist werden."

Menschen lieben einfache Lösungen. Durch sie wird die Komplexität des Lebens auf eine übersichtliche Ebene reduziert und Widersprüchlichkeiten erscheinen weniger herausfordernd. Leider funktioniert die Welt nicht so.

In den meisten Fällen werden solche „Argumente" nicht vorgebracht, um Diskussionen zu gewinnen. Oft geht es lediglich darum, einmal die eigene Meinung kundzutun und Druck abzulassen. Wie bereits dargelegt, suchen Menschen in ihrer Emotionalität nach Bestärkung. Sie wollen Zustimmung erfahren und nicht über die Schwierigkeiten ihrer Sichtweise belehrt werden. Daher reagieren sie oft gereizt, wenn man sie auf die Widersprüchlichkeit ihrer Argumentation hinweist. Die einfachste Reaktion besteht daher darin, hartnäckig nachzufragen: Wie genau soll die einfache Lösung in der Praxis umgesetzt werden?

„Leider ist die Welt nicht so einfach wie wir sie gerne haben würden. Ich habe volles Verständnis für den Wunsch nach einer einfachen Lösung. Die entscheidende Frage ist jedoch (neben der Definition, wer als Ausländer betrachtet wird), ab wann ein Ausländer als kriminell gilt. Ist es beim falschen Parken? Wenn er angezeigt wird? Oder erst, wenn er rechtskräftig verurteilt wird?"

Der gesunde Menschenverstand

„Der gesunde Menschenverstand sagt uns, dass Menschen unterschiedlich sind. Deshalb sind Frauen für bestimmte Arbeiten nicht geschaffen. Es gibt halt Berufe, die sollten nur Männer übernehmen."

In die gleiche Kategorie wie „einfache Lösungen" gehört auch der Satz: „Der gesunde Menschenverstand sagt …". Abwandlungen sind „Die Stimme des Volkes" oder „Die schwäbische Hausfrau", oder was einem sonst noch so einfällt. Das Ziel besteht darin, eine Meinung als vernünftig darzustellen, ohne sich um Argumente bemühen zu müssen. Es muss schließlich nichts mehr bewiesen werden, denn wer zweifelt schon den gesunden Menschenverstand an? Wollen Sie hier dagegenhalten, müssen Sie „nur" mit dem gleichen gesunden Menschenverstand argumentieren.

„Frauen können genauso viel wie Männer. Ich freue mich, dass der gesunde Menschenverstand an dieser Stelle bemüht wird. Dieser sagt nämlich, dass es auch körperlich schwache Männer gibt, so wie es auch viele starke Frauen gibt. Menschen sind halt unterschiedlich, und deshalb sollten alle die gleichen Möglichkeiten haben."

Früher war alles besser

„Früher war alles besser. Da waren Männer noch Männer und Frauen noch Frauen. Wenn wir nur die gute alte Zeit wieder hätten, hätten wir die ganzen Probleme nicht."

Das ist ein Klassiker. Den klügsten Satz dazu hat der große Philosoph Karl Valentin gesagt: „Die Zukunft war früher auch besser." Früher war aber vor allem eines besser: Man war jünger! Und damit war alles einfacher. Hinter dieser Aussage steht der Wunsch nach einer übersichtlichen Welt. Sie müssen gar nicht auf diese Argumentation eingehen; das hat sowieso keinen Zweck.

> „Früher war alles besser, auch die Zukunft. Ich wünsche mir manchmal auch meine Jugend zurück. Aber in einer Zeit, in der ich als Mann mich um die Kinder kümmern darf und meine Frau arbeiten gehen kann, bin ich froh über den Fortschritt."

Die da oben …

> „Die da oben machen doch eh, was sie wollen. Von den Sorgen der einfachen Leute haben die doch gar keine Ahnung mehr. Von einer Demokratie kann bei uns keine Rede mehr sein."

Diese Sätze werden ebenfalls gerne von Populisten verwendet. Wenn diese auf vermeintliche Eliten schimpfen, dann gerne in Verbindung mit den einfachen kleinen Leuten. Eine gute Gedankenstütze: „Wenn (hier Partei einfügen) vom kleinen Mann spricht, läuten bei mir alle Alarmglocken". Ziel von Populisten ist die Spaltung der Gesellschaft herbeizureden, in „die da oben und wir hier „unten". Mit dem Gegensatz zu den „anderen" wollen Sie sich selbst als Alternative profilieren. In einer angespannten gesellschaftlichen Atmosphäre funktioniert das leider nur zu gut.

> „Ich bin froh, in einer Demokratie zu leben, wo ich selbst die Möglichkeit habe, Einfluss zu nehmen. Ich habe Verständnis für alle, denen es zu viel Arbeit ist, sich zu engagieren. Aber im Gegensatz zu anderen Systemen wird man hier nicht verhaftet, wenn man öffentlich Position bezieht."

Alarmismus

> „Die Windkraft versaut unser schönes Land. Wenn das so weitergeht, kann man in ein paar Jahren vor lauter Windrädern nicht mehr in den Himmel schauen. Wir müssen der Verspargelung unserer Landschaft Einhalt gebieten, die Ökofaschisten pflastern uns sonst die Windräder in unsere Vorgärten. Wenn wir jetzt nicht handeln, ist es zu spät."

Menschen durch Aufregung und Horrorszenarien zu mobilisieren, ist ein alter Trick, bereits seit dem Mittelalter durch die sogenannten Untergangspropheten bekannt. Populisten sprechen dabei die Ängste ihres Publikums an. Ob die düsteren Szenarien überhaupt eintreten können, ist nebensächlich. Wichtig ist allein, dass Aufregung herrscht und Maßnahmen ergriffen werden. Bleiben Sie stattdessen ruhig und gehen Sie nicht auf den Alarmismus ein.

> „Wir brauchen die Windkraft als einen Baustein für eine zukünftige Energieversorgung. Dass sie der Boom verunsichert, kann ich verstehen. Sie fühlen sich durch die Entwicklung bedroht. Allerdings gibt es klare Regelungen, welche Mindestabstände Windkraftanlagen zu Häusern haben müssen."

Der Trick mit dem Alarmismus wird auch gerne benutzt, um einen „Ausnahmezustand" zu fordern. In diesen Fällen können Sie dies aufgreifen und zeigen, dass es klare Grenzen gibt.

> „Ungarn und Polen sind schon auf dem Weg in die Autokratie. Um Europa zu retten, müssen wir jetzt handeln und diese Länder aus der EU ausschließen."

> „Die Europäische Union lebt von der gleichberechtigten Zusammenarbeit der Staaten. Ich freue mich, dass es Menschen gibt, die sich Sorgen um die Union machen. Reiner Alarmismus hilft hier aber nicht weiter."

Die schweigende Mehrheit

> „Für eine zuverlässige Energieversorgung benötigen wir die Kohle. Ohne Kohle müssten wir morgen den Betrieb einstellen. Solarstrom mag seine Vorteile haben,

> aber die Sonne scheint nun einmal nicht immer. Sprechen Sie ruhig mit der schweigenden Mehrheit – sie stimmt voll und ganz mit mir überein."

Die Berufung auf die schweigende Mehrheit ist eine beliebte Taktik, wenn einem die Argumente ausgehen. Ob es diese Mehrheit wirklich gibt, lässt sich ja nicht überprüfen – schließlich schweigt sie. Um dieser Argumentation entgegenzutreten, genügt es, die Vorstellung einer geheimnisvollen, schweigenden Mehrheit anzusprechen. Da die Mehrheit schweigt, wird auch die Gegenseite keine Beweise für deren Existenz liefern können.

> „Solarstrom spielt eine entscheidende Rolle in der Energiewende; die Produktion ist bereits jetzt kostengünstiger als bei jeder anderen Energiequelle. Natürlich ist die Angst vor Veränderungen verständlich, es ist halt alles kompliziert. Doch sich allein auf eine vermeintliche schweigende Mehrheit zu stützen, reicht einfach nicht aus. Wer soll denn diese schweigende Mehrheit sein?"

Falsche Beweise

> „Russland hatte das Recht, die Ukraine anzugreifen. Die NATO hat ihr Versprechen gebrochen, das Bündnis nicht nach Osten auszuweiten. Das hat sogar Helmut Kohl in seinen Memoiren geschrieben."

Einfach was zu behaupten ist einfach. In dieser Situation müssten Sie die Möglichkeit haben, die Quelle zu überprüfen, was natürlich in der Regel unmöglich ist. Und selbst wenn Sie mit einer anderen Quelle kontern, steht es wie vor Gericht Aussage gegen Aussage. Gerne wird die Strategie der falschen Beweise mit Quellen aus dem Internet, irgendwelchen Behauptungen aus dem Freundeskreis oder „ein alter Mann in der Kneipe hat mir erzählt …" verwendet. Ärgern Sie sich nicht. Gehen Sie einfach nicht auf die Aussage ein.

> „Russland ist in die Ukraine, einem souveränen Land, eingefallen und hat damit einen Krieg begonnen. Ich kann nachvollziehen, dass man Ursache und Wirkung verwechseln kann. Doch wenn wir dies akzeptieren, was kommt dann als Nächstes?"

Verallgemeinerung

„Die Muslime in Deutschland machen mir Angst. Das kann doch auf Dauer nicht gut gehen. Noch nie haben Christen und Muslime auf Dauer friedlich in einem Land zusammengelebt. Das kann doch nicht gut gehen."

Es ist für uns alle ein natürlicher Prozess, Dinge zu verallgemeinern, wie zum Beispiel: „Gestern habe ich diese Frucht gegessen, heute lebe ich noch, also sind alle diese Früchte essbar." Ohne diese Fähigkeit wäre unser Gehirn permanent überfordert und könnte nicht einmal einfachste Entscheidungen treffen. Durch das Prinzip der Verallgemeinerung gelingt es unserem Denkorgan, wertvollen Arbeitsspeicher freizuhalten, um uns essenzielleren Dingen zuwenden können: „War da nicht ein Säbelzahntiger?"

Es gibt nur eine Verallgemeinerung, die stets wahr ist: dass Verallgemeinerungen nie zutreffen. Ermutigen Sie Ihr Gegenüber dazu, konkrete und präzise Daten, Zahlen und Fakten vorzulegen, wenn er oder sie sich in pauschalen Aussagen verliert. Und bleiben Sie beharrlich in Ihrer Forderung nach Differenzierung.

„Ich persönlich glaube, dass Muslime und Christen friedlich zusammenleben können. Angesichts der derzeitigen Weltlage könnte man meinen, dass es nur Konflikte gibt. Aber mit meinem Nachbarn klappt es sehr gut. Wenn behauptet wird, dass es in der Geschichte nie ein friedliches Zusammenleben gab, dann möchte ich doch gerne wissen, von welchen Zeiträumen, Ländern und Konflikten wir genau sprechen."

Falsche Alternative

„Es ist doch klar, dass Europa ein Demokratiedefizit hat, deshalb gibt es nur eine Alternative, wir müssen das ganze System stoppen und uns wieder auf die Nation besinnen. Nur im Nationalstaat können wir unsere Souveränität behalten."

Aus einem Problem wird nur eine mögliche Lösung abgeleitet. Für die Zuhörer klingt das überzeugend, denn es wird eine logische Beweiskette aufgebaut. Wenn „A“, dann „B“. Diese Taktik wird von Populisten häufig eingesetzt, um eine Position zu begründen. Dass die Wirklichkeit nicht schwarz-weiß ist, sondern viele Schattierungen besitzt, wird dabei ausgeblendet.

> „Europa ist die Antwort auf die Zersplitterung des Kontinents. Als geeinigte Akteure können wir den großen Weltmächten auf Augenhöhe begegnen. Ich habe großes Verständnis für die Sehnsucht nach einem behaglichen Heim. Aber der Schluss, auf Basis eines Problems gleich das ganze System infrage zu stellen, der erschließt sich mir nicht."

Die falsche Alternative kann auch andersherum aufgebaut werden: Es wird eine perfekte, aber unrealistische Realität beschrieben, um damit das ganze System infrage zu stellen. Alle (realistischen) Alternativen können dann nicht ausreichen, um das Ideal zu erreichen.

> „Politiker müssen den Menschen ihre Sorgen nehmen. Aber kein einziger Politiker tut dies. Deshalb taugen alle Politiker nichts."

> „Politiker sind auch nur Menschen. Es wäre schön, wenn jemand anders meine Sorgen übernehmen könnte. Aber dass alle Politiker deswegen nichts taugen, den Schluss kann ich nicht nachvollziehen."

Die große Weltverschwörung

> „Die Klimamaßnahmen schwächen die Wirtschaft. Deshalb ist es klar, dass der Klimawandel von den Chinesen erfunden wurde, um unsere Wirtschaft niederzuringen."

Hinter dieser Argumentation steht die Annahme, dass jemand, der von einem Ereignis (möglicherweise) profitiert hat, auch das Ereignis mit verursacht haben müsse. Diese Vermutung findet sich oft beim Menschen mit geschlossenen Weltbildern ober bei Verschwörungstheoretikern. Meist wird damit auch implizit eine einfache Lösung angeboten: Wenn wir die Verschwörung aufdecken, dann haben wir auch kein Problem mehr. Sprechen Sie an, dass es leider keine einfachen Lösungen für komplexe Probleme gibt.

„Der Klimawandel ist eine der größten Herausforderungen für die Menschheit. Es wäre schön, wenn dies eine reine Erfindung wäre, dann hätten wir viel weniger Probleme. Aber aufgrund einer möglichen Schwächung der Wirtschaft gleich auf ein chinesisches Komplott zu schließen, das ist dann doch zu einfach."

Ursache – Wirkung

„Je mehr Flüchtlinge wir aufnehmen, umso größer wird die Terrorgefahr. Um uns selbst zu schützen, müssen wir aufhören, Flüchtlinge aufzunehmen."

Die einfache „Ursache-Wirkung" Taktik zielt in die gleiche Richtung wie die falsche Alternative. Weil „A" ist, muss auch „B" sein. Mit dieser Taktik wird versucht, Ereignisse, die nacheinander oder zur gleichen Zeit auftreten, als Ursache und Wirkung zu verkoppeln. Nacheinander oder zugleich bedeutet jedoch nicht zwangsläufig „weil" oder „wegen". Dieser logische Fehlschluss ist weit verbreitet und wird häufig auch aus Unwissenheit verwendet. „Weil ich das Medikament XY genommen habe, habe ich keine Erkältung bekommen." Dass die Person wahrscheinlich auch ohne Medikament keine Erkältung bekommen hätte, wird ausgeblendet.

„Flüchtlinge sind nicht automatisch Terroristen. Wenn wir mit einem Stopp die Terrorgefahr beseitigen könnten, würde ich mir solch einfache Lösung auch wünschen. Allerdings wurden die meisten Anschläge von Einheimischen begangen. Ursache und Wirkung liegen also weit auseinander."

Zirkelschluss

„Homosexualität ist eine Strafe Gottes. Das ist wahr, weil es in der Bibel steht. Und die Bibel hat immer recht, denn sie ist Gottes Wort, und das ist wahr!"

Der Zirkelschluss als Methode ist sehr beliebt bei Menschen, die unumstößliche Wahrheiten besitzen. „Da es so ist, ist es so.“ Meist hängt an dieser Wahrheit ein ganzes Weltbild. Hier können Sie eigentlich gar nicht argumentieren. Trotzdem als Versuch:

> „Die Bibel ist von Menschen in ihrer Zeit geschrieben. Ich habe großen Respekt vor Menschen, die die Bibel zeitgemäß auslegen. Das, was Du sagst, sagt aber noch nichts darüber aus, wie zu verstehen ist, was in der Bibel steht."

In den allermeisten Fällen wird der Zirkelschluss jedoch einfach nur verwendet, um platte Meinungen zu verbreiten. Es wird nichts begründet, sondern dasselbe mit anderen Worten wiederholt:

> „Der Islam gehört nicht zu Deutschland!" „Wieso?" „Weil er keine deutsche Religion ist."

Sie können hier nur versuchen, immer wieder nachzufragen. Wahrscheinlich ist aber, dass Sie sich dann auch immer wieder im Kreis drehen werden. Nutzen Sie die Gelegenheit zum Üben der Tripel-A Methode. Dann ist die Zeit wenigstens sinnvoll verwendet.

Zum guten Schluss

Mit der in diesem Buch vorgestellten Handlungsanleitung haben Sie ihr Rüstzeug beisammen. Jetzt müssen Sie es „nur" noch anwenden.

Auf Gespräche müssen Sie sich vorbereiten. Leider verlaufen viele Unterhaltungen nicht wie erhofft, weshalb wir dazu neigen, sie zu meiden.

Zum Schluss dieses Buches deshalb ein kleiner Exkurs: Wie kam es zum Erstarken des Populismus? Natürlich sind die Gründe vielfältig, ganze Forschungszweige beschäftigen sich mit dem Thema. Angefangen von Berlusconi über Orban, Trump etc. – Populismus als Mittel der Politik ist auch in scheinbar gefestigten Demokratien etabliert. Wenn wir in Deutschland die vergangenen Jahre betrachten, lässt sich ein Auslöser mit dem Beginn der Finanzkrise identifizieren. Einer verunsicherten, wütenden Bevölkerung wurden die Rettungsmaßnahmen für die Verursacher der Krise als alternativlos verkauft. Was in der Situation nicht falsch war, insgesamt aber ein hilfloses Bild ergab.

Danach wurden die Krisen nicht weniger. Ob Flüchtlingskrise, Corona, Krieg in der Ukraine und im Nahen Osten, der Klimawandel – eine Krise folgt auf die nächste und ein Ende ist nicht absehbar. In Zeiten der Krise suchen viele Menschen nach einfachen Lösungen, nach Halt und sehnen sich nach starken Autoritäten. Populisten erfüllen diese Bedürfnisse perfekt. Mit Methoden wie „Wir gegen die da oben", „Die anderen sind schuld", „Es gibt keine Krise", „Wir haben einfache Lösungen" bieten Sie Scheinlösungen an. Denn sie wissen, dass rationale Überlegungen in dieser Situation keine Rolle spielen. Für diejenigen, die an die Parolen glauben, ist es wichtiger, ein Ventil für ihre Wut und einen Ansprechpartner für ihre Verunsicherung zu haben

„Wir haben uns von diesen Linken zu viel gefallen lassen. Sie ziehen über alles her, was wir machen. Sie tun immer so, als ob wir alle Rassisten und schrecklichen Menschen sind. Und das stimmt einfach nicht … Es war erfrischend zu sehen, dass er es mit den Linken jetzt so macht, wie die mit uns."

Der amerikanische Farmer Brian Davis auf die Frage, warum er Trump wählen würde.[22]

Auf der anderen Seite lässt sich auch eine tiefe Verunsicherung bei denen erkennen, die populistischen Tendenzen entgegentreten. „Warum lassen wir uns von den Populisten einschüchtern? Weil wir Angst haben." Wir leben in einer dünnhäutigen Zeit. Was vor 10 Jahren noch entspannt wegzumoderieren war, ist heute ein Triggerpunkt. Im öffentlichen Diskurs wird jedes Wort auf die Goldwaage gelegt, ein falsches Wort, oder auch nur ein nicht gesagtes, kann Karrieren zerstören oder das gesellschaftliche Aus bedeuten. Dies lässt uns auch in unserem Privatleben nicht kalt. Dies führt zu einem seltsamen Gefühl aus Überforderung, Ermüdung, Frust und Feigheit. Man hat das Gefühl, dass alle wie das Kaninchen auf die Schlange starren. Aber Angst ist ein schlechter Ratgeber.

„Jedes Jahr ist es dasselbe beim Familientreffen. Die erste Stunde geht alles gut, aber dann haut mein Vater wieder einen Spruch raus und dann ist alles vorbei. Ich muss etwas sagen, aber dann bin ich wieder die Böse, die die gute Stimmung zerstört. Da sage ich lieber nichts. Es ist immer dasselbe."

Beschreibung einer Seminarteilnehmern.

Und schließlich kommt die Dynamik der sozialen Medien hinzu, die einfache Lösungen fordern und persönliche Verantwortung in den Vordergrund stellt. Immer seltener geht es um Fakten, immer öfter um Bekenntnisse. Viele versuchen, auf der richtigen Seite zu stehen, und weil es keine klare „richtige" Seite gibt, wird behauptet, die anderen stünden auf der falschen. Dies erklärt auch die Wut und Unnachgiebigkeit, mit der aktuelle Diskussionen geführt werden. Wir benötigen wieder mehr kommunikative Vernunft. „Raus aus der intellektuellen Faulheit" könnte der Schlachtruf der modernen Aufklärung lauten.

Deshalb: Auf geht's!

Wir müssen uns den Debatten stellen. Reden Sie mit Populisten. Denken Sie daran, dass nur wenige Ihrer Gesprächspartner „echte" Überzeugte sind. Die Mehrheit ist lediglich verunsichert. Diese „NONIs" können Sie erreichen. Die Methoden dazu haben Sie jetzt:

1. **Bereiten Sie sich vor.** Sie müssen für herausfordernde Gespräche gerüstet sein. Nutzen Sie die 10 goldenen Regeln aus dem ersten Kapitel.
2. **Bewahren Sie die Ruhe** in emotionalen Gesprächen. Wenden Sie die im dritten Kapitel vorgestellten Methoden an. Suche Sie sich die für Sie passende aus.
3. Denken Sie daran, dass Sie das **Gespräch führen** müssen. Sie müssen es schaffen, Debatten in die richtige Richtung zu lenken. Mit den Hilfsmitteln aus dem vierten Kapitel schaffen Sie es.
4. Schließlich Ihr Ziel, eine **Botschaft zu verankern**. Wichtig sind nicht die Argumente, mit denen Sie diskutieren. Sie wollen bei Ihrem Gegenüber etwas verankern. Gute Botschaften haben Sie im fünften Kapitel erarbeitet.
5. Wenn es schwierig wird: Halten Sie sich an die **Triple-A-Regel**. Diese ermöglicht es Ihnen, auch in angespannten Situationen ruhig und gelassen zu reagieren. Die Methode wurde im Kapitel fünf vorgestellt.
6. **Beenden Sie das Gespräch**, wenn Sie nicht mehr weiterkommen. Nach einiger Zeit dreht man sich im Kreis. Im siebten Kapitel haben Sie dazu eine Anleitung an die Hand bekommen.

Achten Sie schlussendlich auf die **Tricks der Populisten**. Mit dem Wissen aus dem achten Kapitel werden Sie diese leicht erkennen. Die Gegenmaßnahmen haben sie dann schnell zu Hand.

Üben Sie mit Freunden, Bekannten und Ihren Partnerinnen oder Partnern. Nutzen Sie einfache Gespräche, um die Schritt-für-Schritt-Anleitung in der Praxis anzuwenden. Legen Sie sich Ihre Botschaften im Voraus zurecht, besonders wenn Sie in der Öffentlichkeit stehen. Durch die Fokussierung auf Ihre Botschaft und der Triple-A-Regel werden Sie in jeder Situation die Oberhand behalten.

Und schließlich, denken Sie insbesondere an die Regel Nr. 7 aus den 10 Grundregeln: Sie können was tun, aber Sie müssen nicht immer etwas tun. Nutzen Sie jede Gelegenheit, aber passen Sie auch auf sich auf.

Viel Erfolg.

Literatur

Quellen im Buch

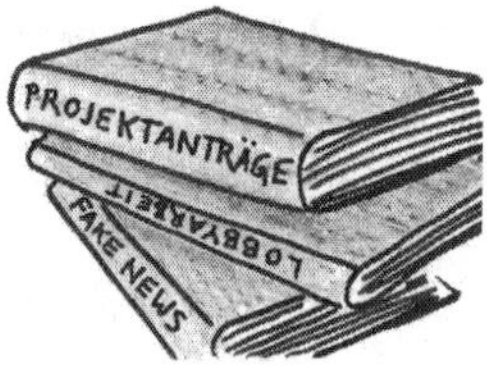

Hinweis: Alle links wurden am 29.12.2023 geprüft.

1 https://de.wikipedia.org/wiki/Populismus
2 https://www.bpb.de/themen/medien-journalismus/netzdebatte/260878/was-ist-populismus/
3 https://www.liberties.eu/de/stories/populismus/44261
4 https://tuebingen-beratung.de/systemische-beratung/grundsaetze-systemische-beratung-therapie/
5 https://www.klimafakten.de/meldung/die-grosse-verschwoerung-warum-verweigern-sich-menschen-wissenschaftlichen-erkenntnissen
6 Paul Watzlawick (Autor): Man kann nicht nicht kommunizieren: Das Lesebuch von Trude Trunk (Herausgeber), Friedemann Schulz von Thun (Nachwort) Verlag Hans Huber, Oktober 2011
7 Aktion-tu-was: https://www.polizei-beratung.de/themen-und-tipps/zivilcourage/
8 Siehe zum Beispiel eine Studie der Mercator Stiftung: Polarisierung in Deutschland und Europa. https://www.stiftung-mercator.de/de/publikationen/polarisierung-in-deutschland-und-europa/
Zusammenfassung im Deutschland Funk: https://www.deutschlandfunknova.de/beitrag/studie-wie-polarisiert-die-bevoelkerung-in-deutschland-ist
9 „Die Sehnsucht nach einfachen Antworten ist gewachsen“, in DIE ZEIT vom 28. Dezember 2024, S. 2
10 Hans Rosling: Factfulness. Wie wir lernen, die Welt so zu sehen, wie sie wirklich ist. Ullstein Verlag, Berlin 2018 (Buchtipp – lesenswert!)
11 https://www.psychologie-aktuell.com/news/aktuelle-news-psychologie/news-lesen/alternative-fakten-psychologische-grundlagen-einer-postfaktischen-diskussionskultur.html
12 https://www.klimafakten.de/meldung/mit-klimaleugnern-diskutieren-ohne-den-verstand-zu-verlieren
13 https://de.statista.com/statistik/daten/studie/179790/umfrage/haeufigkeit-aerger-in-den-letzten-4-wochen/ (Bezahlschranke)
14 https://de.wikipedia.org/wiki/Eisbergmodell
15 DIE ZEIT vom 28. Dezember 2023, S. 6

16 https://www.forschung-und-wissen.de/magazin/brandolinis-gesetz-das-bullshit-asymmetrie-prinzip-13376626

17 Thorben Prenzel „Fake News – moderne Lügen entlarven und entspannt reagieren“ Wochenschau Verlag, 2019

18 Tatsächlich ist dies ein wortwörtliches Zitat eines LUX-Vertreters beim Autor daheim. Darauf angesprochen entwickelte sich eine interessante Diskussion über Verkaufstechniken. Einige Grundlagen davon finden sich auch in diesem Buch wieder. Merke: Man kann in jeder Situation dazulernen.

19 Mehr Informationen und eine Anleitung zum ausprobieren: https://karrierebibel.de/chamaleon-effekt/

20 https://www.tagesschau.de/faktenfinder oder https://correctiv.org/faktencheck/

21 https://de.wikipedia.org/wiki/Miyamoto_Musashi

22 („Haben uns von den Linken zu viel gefallen lassen“ – tagesschau.de, Ausland, abgerufen am 25.12.2023

Zum Weiterlesen

Thorben Prenzel „Fake News – moderne Lügen entlarven und entspannt reagieren“ Wochenschau Verlag, 2019

Klaus-Peter Hufer: Argumente am Stammtisch: Erfolgreich gegen Parolen, Palaver und Populismus (Wochenschau Verlag, 2019)

Anne Frölich, Katja Hübner, Rebecca Weis: Die Schlauen Hefte! Gesicht zeigen! -Aber wie? (8. Auflage, 2021) *www.gesichtzeigen.de/wp-content/uploads/2022/01/diesch1.pdf*

Der „Helpdesk“ bietet Hilfe beim Umgang mit Hass im Netz. Dahinter steht die Europarat-Initiative „No Hate Speech Movement“ https://no-hate-speech.de Der Helpdesk wird in Deutschland von unterschiedlichen Organisationen unterstützt: https://helpdesk.neuemedienmacher.de/

bpb:magazin 02/2016: „Populismus: Mit Populisten reden – ja oder nein?“ *https://www.bpb.de/shop/zeitschriften/bpbmagazin/235737/populismus-mit-populisten-reden-ja-oder-nein/*

WOCHEN SCHAU VERLAG

... ein Begriff für politische Bildung

TRAININGS

Was sind Stammtischparolen und was kann ihnen entgegengesetzt werden? Klaus-Peter Hufer zeigt Merkmale, Muster und Handlungsmöglichkeiten bei der Konfrontation mit ihnen auf und macht Mut, im Alltag couragiert einzugreifen.

von Klaus-Peter Hufer

ISBN 978-3-7344-0490-0,
152 S., € 12,80
PDF: ISBN 978-3-7344-0491-7, € 12,80

Nicht nur für Lehrer*innen: Wer sich und andere vor Shitstorms, Cybermobbing und Hatespeech schützen will, findet in diesem Trainingshandbuch viele nützliche Strategien, Übungen und Anleitungen. Mit anschaulichen Beispielen und Illustrationen.

von Björn Kunter, Margaretha Eich,
Bea Tholen, Markus Wutzler

ISBN 978-3-7344-1346-9,
120 S., € 16,90
PDF: ISBN 978-3-7344-1347-6, € 15,99

www.wochenschau-verlag.de